EN COLONNE

AU MAROC

Copyright by Perrin et Cⁱᵉ 1913.

PIERRE KHORAT

EN COLONNE AU MAROC

RABAT, FEZ, MÉQUINEZ

IMPRESSIONS D'UN TÉMOIN

Illustrations d'après les dessins de l'auteur.

PARIS

LIBRAIRIE ACADÉMIQUE

PERRIN ET Cⁱᵉ, LIBRAIRES-ÉDITEURS

35, QUAI DES GRANDS-AUGUSTINS, 35

1913

AVANT-PROPOS

Les conseils de quelques amis me font réunir dans ce volume quelques notes prises sur le vif pendant la dernière expédition au Maroc, et qui ont déjà reçu dans la « Revue des Deux Mondes » un bienveillant accueil. Je souhaite qu'elles soient lues dans le même esprit de bonne humeur simple et franche où elles ont été écrites entre deux étapes ou pendant un bref séjour dans quelque ville marocaine.

Ai-je besoin de m'excuser si elles ne sont pas toujours exclusivement laudatives? Il faut être véridique d'abord. Ensuite, un lecteur avisé jugerait vite invraisemblable un optimisme trop constant. Les grandes manœuvres du temps de paix, si soigneusement mises en scène, ne sont pas exemptes de défaillances. Peut-on penser qu'une campagne réelle, où il a fallu beaucoup *improviser, n'offrira pas quelques-uns de ces thèmes qui excitaient la verve des grognards d'autrefois ?*

Je voudrais en tous cas que les critiques sans amertume qu'on pourra lire dans ce volume ne fassent pas oublier tout ce qui a été dépensé, au cours de ces premières opérations marocaines, de talent, de bonne volonté et d'abnégation. Les erreurs d'organisation ont été largement rachetées par la valeur individuelle des chefs et des soldats. A se mieux connaître au milieu du péril, les éléments de nos colonnes, si variés d'origine et de traditions, ont eu vite fait de s'estimer. La rivalité des armes est devenue une salutaire émula ion. Et c'est avec la fierté d'avoir participé à l'œuvre commune que j'ai essayé d'en raconter quelques épisodes.

Casablanca, le 8 mars 1912.

PIERRE KHORAT.

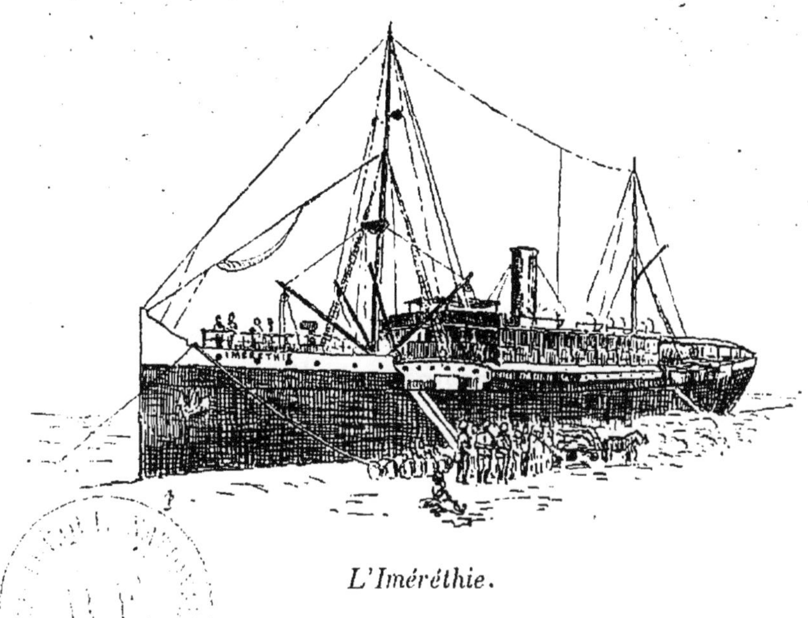

L'Iméréthie.

EN COLONNE AU MAROC

I

LE DÉPART

L'ordre de mobilisation. — L'impression à la caserne. — Dans les bureaux du major. — La faiblesse de l'armée coloniale. — La revue du départ. — A la gare.

Figé par la surprise, le marsouin en faction devant la porte du quartier de Lourcine profère d'une voix étranglée l'appel « Aux armes », qui détone dans le silence dominical. Le colonel, en civil, est apparu sur l'autre côté du boulevard ; il traverse à pas pressés la chaussée, congestionné par la marche rapide et la chaleur exceptionnelle d'un après-midi d'avril. Il franchit la poterne qu'entr'ouvre un soldat aux gestes maladroits, tandis que les hommes de garde et le chef de poste se rangent et s'immobilisent d'après le rite consacré. « Envoyez-moi le capitaine adjudant-major », jette en passant le colonel, visiblement préoccupé, qui se dirige vers son bureau.

Dans la cour, le caporal qui surveille les évolutions machinales du « peloton de chasse » interrompt la kyrielle de ses commandements ; derrière les vitres de la cantine, des physionomies se montrent, curieuses ; aux fenêtres des chambrées, les soldats retenus à la caserne par le mal d'impécuniosité s'interrogent sur la signification de l'incident qui trouble la quiétude traditionnelle du dimanche ; l'adjudant-major de semaine qui sommeillait sur une revue poussiéreuse, sort de la bibliothèque en boutonnant fébrilement sa tunique et se rend d'une allure vive à l'appel de son chef.

Une heure après, des plantons pris dans la « fraction de piquet » portent aux officiers des plis mystérieux, rédigés en toute hâte par le secrétaire de jour. Et quand le colonel, rasséréné, quitte la caserne qu'anime la « soupe du soir », la nouvelle sensationnelle a déjà couru des écuries aux locaux disciplinaires, des cuisines aux chambres de détails où des comptables zélés tracent déjà les états qu'une longue expérience leur fait deviner indispensables pour le lendemain. La brigade coloniale de Paris doit en effet envoyer un bataillon de marche au Maroc, où il prendra part aux opérations imminentes avec des détachements analogues, organisés dans les garnisons de marsouins et de bigors. Le régiment fournit deux compagnies et la section de mitrailleuses ; dans 3 jours, ces unités s'embarqueront à Marseille pour Casablanca.

Le lendemain, de grand matin, les officiers en groupes animés pérorent dans la cour, dans la salle de lecture, harcèlent le major. Suivant la coutume, l'ordre communiqué la veille admet de nombreuses interprétations : car le style militaire, dans sa concision apparente, s'il reflète la haute culture intellectuelle des états-majors, affirme leur mépris des détails et leur soin de dégager par une imprécision savante, les responsabilités du commandement. Vainement, les anciens ou les blasés s'efforcent de ramener le calme en rappelant avec persévérance l'axiome fameux : « ne jamais exécuter un ordre avant que le contre-ordre soit arrivé ». Chefs de bataillon promis aux brillantes destinées, capitaines ambitieux, lieutenants ardents, sous-lieutenants mêmes ne peuvent s'accorder sur le sens de la note qu'ils ont trouvée la veille sur leur table, en rentrant d'une partie de campagne, d'une réunion mondaine ou d'un rendez-vous galant. Elle comble les vœux des uns, dérange les projets ou les calculs des autres, fait prévoir à tous une fin prématurée de l'existence dans la capitale, qu'ils avaient ambitionnée comme un repos en terre promise entre deux séjours coloniaux. Et chacun, éloquemment, préconise l'hypothèse qui favorise ses désirs. Celui qu'inspire l'ambition ou la soif d'aventures assure avec astuce que, pour une expédition exceptionnelle par sa nature et son but, les volontaires seuls seront demandés ; celui que guettait une désignation imminente pour quelque possession peu enviée affirme avec subtilité que les officiers des bataillons de marche devront être désignés d'après le tour régulier de départ. Et les partisans de cette solution, eux-mêmes, n'arrivent pas à s'entendre. Dans le tohu-bohu des parlottes, les mots : « par régiment — non monsieur, sur l'ensemble de l'armée » crépitent ; et la sollicitation obstinée des textes ne parvient pas à dégager la vérité de ce conciliabule bruyant.

Non loin du groupe imposant d'orateurs qui discutent sans s'écouter, quelques officiers échangent leurs impressions, et leur apparence indifférente cache mal leurs regrets, leur dépit ou leur indécision. Il y avait ceux qui, par adresse ou par nécessité, s'étaient fait récemment accorder un sursis de départ pour raisons de santé : ingénieux moyen d'éviter une désignation désagréable, de rétablir une santé vaguement compromise, d'avoir le loisir de mettre ordre à des affaires embrouillées, d'éloigner de quelques mois la douloureuse échéance du départ de Paris ; et cette faveur dont, la veille encore, ils se montraient fiers, les rend indisponibles pour l'expédition. Il y avait ceux qui n'osaient perdre leurs chances de succès à des examens pro-

chains : en militaires avertis, ils savaient que
l'école de la guerre est moins profitable que
l'Ecole de Guerre à ceux que torture le souci
d'un rapide avancement. Semblables à l'âne
de Buridan, ils hésitaient sans pouvoir se décider
entre leurs intérêts de carrière et la satisfaction
de leur curiosité. Ceux qui, poussés par les
déceptions, les raisons de famille, l'ennui de
suivre à travers le monde des routes si souvent
parcourues sans profit, attendaient avec impatience une retraite prématurée, leur donnaient
des conseils désabusés. Mais, impotents, élèves
laborieux, ou candidats au repos définitif, tous
enviaient au fond du cœur les camarades que
secouaient les saines émotions d'une entrée en
campagne inattendue.

Dans les bureaux du major, la machine
administrative était sous pression depuis le
réveil. La petite armée des secrétaires collation-
nait les contrôles, établissait, non sans erreurs,
la liste des élus. Des portes claquaient, des
noms et des matricules se croisaient, criés par
des voix rageuses ou lassées ; des soldats, des
caporaux, des sous-officiers, arrivaient par
deux, proposant des permutations qui modi-

fiaient sans cesse la composition provisoire du détachement. Les uns voulaient rester, pour ne pas quitter une confortable situation d'ordonnance, un rond-de-cuir de ministère ou d'Etat-major, un de ces vagues emplois où s'abritent les innombrables « embusqués » de l'armée française. Les autres voulaient partir, pour augmenter par de nouvelles campagnes la maigre pension de la retraite prochaine, pour échapper à quelque liaison dangereuse, au piétinement quotidien de la garnison, pour acquérir un droit indiscutable à l'avancement, pour courir les aventures et voir un pays inconnu. Complaisant, le Major écoutait leurs explications avec patience, approuvait d'un geste accablé, préoccupé surtout de ne pas désorganiser les services du Régiment.

Il supputait, non sans inquiétude, les pertes qu'allaient éprouver : les catégories A, B, C des employés, le chiffre des disponibles pour la garde, l'effectif nécessaire pour la relève périodique aux colonies. L'inaptitude actuelle des troupes coloniales à remplir intégralement leur rôle, défini par la loi de 1900, ne lui avait jamais paru aussi évidente. A former un corps d'armée prêt à intervenir dans une grande guerre européenne, elles cessent d'être le réservoir toujours utilisable d'une expédition outre-mer. Malgré les leçons du passé, leurs 12 régiments d'infanterie, leurs 3 régiments d'artillerie stationnés en France, suffisent péniblement à l'entretien normal des corps d'occupation aux colonies, dont une aveugle confiance en des parchemins de chancellerie fait cependant diminuer sans cesse les effectifs. Fascinés par les exigences d'une mobilisation vers les Alpes ou le Rhin, leurs chefs risquent d'oublier que l'armée coloniale a plus besoin de Montcalms que de Napoléons. Ils ne se résignent pas au rôle de comparses qu'une organisation logique leur laisserait dans le drame dont les métropolitains seront les principaux acteurs, quoique le souvenir de Bazeilles leur montre qu'on y peut acquérir une gloire durable ; et, dédaigneux des lauriers exotiques, ils laissent à d'autres l'honneur des opérations lointaines dont l'armée coloniale devrait avoir le monopole, mais qu'elle est incapable d'exécuter.

Aujourd'hui, comme à toute alerte qui réclame un effort imprévu, le major, pensif, « gratte les fonds de tiroir », compose de pièces et de morceaux ses unités de marche, que vont commander quelques officiers désignés au hasard. Par compagnies, batteries, bataillons, il s'évertue à confectionner une mosaïque bigarrée, où la camaraderie du rang n'existe pas, où les chefs sont inconnus de leur troupe, où la cohésion manque, où la tradition sinon l'esprit de corps fait défaut. Il se débat dans les ordres et contre-ordres au sujet de l'habillement, du campement, de l'armement et de la solde, comme l'ont fait ses devanciers, comme le feront ses successeurs. Vraiment, notre race est riche en qualités merveilleuses pour que les résultats de cette incohérence chronique corrigés par la valeur des individus s'appellent Tonkin, Soudan, Madagascar et Maroc...

Au milieu d'un va-et-vient de plantons affolés, le colonel, après de mûres réflexions, remanie pour la dixième fois sa liste d'officiers, qu'il se décide à composer de volontaires. Il y trouve d'ailleurs moins de difficultés qu'au choix d'après les tours individuels de départ, que les indisponibilités pour raison de santé, les

sursis d'embarquement, les stages, les prépara-
tions d'examens, transformeraient en un indé-
chiffrable imbroglio. En chef bienveillant et
désireux de satisfaire tout le monde, il adopte la
première solution qui ne mécontente personne.
Le contre-ordre qui la proscrit n'arrivera que
le surlendemain, c'est-à-dire quelques heures à
peine avant le départ du détachement.

Dans les compagnies, les préparatifs d'une
mobilisation aussi partielle qu'inattendue « sus-
pendent le tableau de service », emplissent de
tumulte les chambrées, les couloirs et les esca-
liers. Le capitaine d'habillement contemple
avec ennui l'écroulement des effets qui se dressaient naguère en piles savantes, le chaos des
chaussures et des équipements, la confusion du
linge qui couvre le sol de vagues blanchâtres,
d'où s'exhalent en guise d'écume des nuages
de poudre insecticide et des relents de naphta-
line. Les hommes, égayés par l'affolement des
employés et des comptables empêtrés dans les
distributions, ont l'air faraud de gens qui vont
faire de grandes choses. Ils jonglent avec les
casques, esquissent le pas des écharpes avec les
ceintures de flanelle, chicanant sur la pointure

des souliers ou l'ampleur des vestons kaki, lançant des lazzis sans nouveauté, dont les injonc-
tions bourrues des sous-officiers coupent sans
pitié l'effet prévu. Pendant ce temps, des
instructions contradictoires fixent les effectifs
des compagnies de marche, la composition
de la section des mitrailleuses, la quantité de
munitions, la nature du matériel médical. Le
sergent des écuries fait la navette avec sa four-
ragère entre Vincennes et Paris, ramène des
cartouches, des animaux, des harnachements,
et la vaste cour du quartier trépide sous les
galopades des hommes, le roulement des véhicules lourdement chargés, la procession ininterrompue des chevaux et des mulets.

Sous les combles des bâtiments, un grondement continu étouffe les mille voix confuses de
Paris. Les « Marocains » déposent dans les
magasins de compagnie malles et ballots ren-
fermant les objets encombrants ou précieux
qu'ils ne peuvent emporter. Vareuses et képis
de fantaisie soigneusement dérobés à la vue
des chefs, puérils gages d'amour ou touchants
souvenirs de famille, futilités sans valeur ou
vestiges d'opulence vont demeurer sur le par-

quet poussiéreux, confiés à la vigilance des gardes-magasins, jusqu'à l'époque incertaine du retour, jusqu'à l'inventaire d'une succession ouverte par la mort glorieuse au combat ou la fin obscure dans un hôpital lointain. Et parmi les anciens qui ont déjà couru le monde, comme parmi les jeunes qui partent pour leur première campagne, plus d'un n'abandonnera pas sans émotion le dépôt où dort un peu de son cœur.

Cependant, grâce au zèle discret des uns et malgré l'agitation bourdonnante des autres, compagnies de marche, section de mitrailleuses, section de secrétaires d'Etat-major parviennent à rassembler leurs éléments épars. En deux jours, les commandements sont distribués, les hommes prêts à partir. Sous un ciel radieux, dans la cour du quartier, une revue en tenue de campagne met pour la première fois la troupe en présence de ses chefs. Dans les rangs des regards fiers scintillent sous les casques trop grands recouverts de la disgracieuse toile kaki; des souffles d'orgueil gonflent les poitrines qu'écrasent les nombreuses courroies du fourniment de guerre ; çà et là quelques médailles brillent sur les vareuses, faisant loucher les yeux des jeunes qui plient sous un sac démesuré dont marmites, outils, effets de toile et petites tentes ont compliqué l'agencement traditionnel. A la gauche des compagnies déployées, la section de mitrailleuses aligne ses mulets robustes, ses hommes que le sentiment de former « une arme spéciale » emplit de mépris pour les simples fantassins. Les sous-lieutenants s'admirent à la dérobée dans leurs équipements tout neufs de Tartarins en route pour le pays des Teurs, et leur joie se mélange d'une secrète envie pour les cuirs fatigués, les jambières ternes, les vêtements sans fraîcheur de leurs anciens, témoins d'autres départs et d'autres dangers.

Mais, des commandements brefs éclatent, une sonnerie retentit. Devant les rangs figés dans une immobilité soudaine, le drapeau apparaît. Il porte en lettres d'or dans ses plis le témoignage des gloires lointaines qui, de Bomarsund à Puebla, de Mogador à Tien-Tsin, consacrent la réputation légendaire des « troupes bleues ». En quelques mots émus le colonel évoque le passé, engage l'avenir. Il confie aux partants le trésor d'abnégation et de bravoure légué par les aînés ; il fait appel à leur esprit de corps qui doit leur faire supporter sans défaillances les fatigues d'une dure expédition où ne manqueront pas les juges avertis et les critiques prévenus. A cet appel impressionnant, les torses affaissés se redressent ; la sourde appréhension de l'inconnu, qu'éprouvent même les plus braves, disparaît ; ceux qui vont rester et que la sympathie et la curiosité rassemblent en groupes compacts, sentent s'aviver leur dépit contre la malveillance du sort ou le succès de leurs combinaisons. Puis, le colonel clôt la cérémonie en consignant « les Marocains » au quartier, pour leur éviter les tentations de l'ivresse et de la volupté qui leur feraient oublier, dans la célébration exubérante de leur bonne fortune, l'heure matinale du départ.

A la gare de Lyon, le lendemain, une foule innombrable attend le bataillon parisien. Contrairement aux traditions, les coloniaux partent au grand jour, et leur embarquement n'a pas le caractère d'un exode furtif. La nouvelle, propagée par les journaux, fait affluer dans la vaste cour des vagues pressées de badauds, en qui s'affirme l'instinct belliqueux du sang français. Autour des unités qui ont mis sac à terre et

formé les faisceaux pendant que l'adjudant-
major fait la reconnaissance du train, hommes,
femmes et enfants se bousculent, joyeux de
témoigner une ardente sympathie aux guerriers.
Tandis que la plupart des gradés et soldats s'efforcent de rester impassibles devant les effusions
de l'amante, de l'épouse ou des parents qui les
baignent de larmes, leur prodiguent d'ultimes
conseils, des bourgeois enthousiastes vident dans
les mains ou les poches des troupiers leurs étuis
à cigarettes ou leur provision de tabac ; des
ouvrières attendries égaient de fleurs les bouton-
nières et les fusils ; d'anciens militaires, que
dénoncent les rubans de médailles commémo-
ratives, demandent aux officiers, avec des exa-
gérations de respect, la permission d'emmener
chacun quelques soldats jusque chez le marchand de vin pour y boire fraternellement le
coup de l'étrier.

Mais ô surprise, un cortège étincelant se
fraie avec peine un passage à travers les remous
humains. Des képis de généraux, des aiguillettes d'état-major scintillent dans les sombres
masses des corsages et des vestons. Le général
Archinard, escorté du divisionnaire et de tous

ses collaborateurs du Corps d'Armée, vient solenniser par sa présence le départ imminent. Un bruissement de noms chuchotés sur leur passage signale aux profanes le héros du Soudan dont la verdeur et la physionomie bienveillante étonnent et charment, le général Lefèvre, le général Ditte qui va commander la brigade coloniale du Maroc, le colonel Gouraud qui montre une figure de jeune capitaine sur une cravate de commandeur. Empressés, les colonels des deux régiments de la brigade parisienne, le commandant du bataillon qu'elle a fourni, les adjudants-majors, donnent des ordres qui se croisent et se contredisent ; mais quand le grand chef arrive sur le terre-plein, la troupe, correctement alignée, a repris sans bruit son aspect martial.

La curiosité, l'émotion, immobilisent maintenant la foule qui contemple le général Archinard tandis qu'il inspecte à pas lents les mitrailleuses et le bataillon. Puis, dans un silence qu'interrompent seuls les sifflets lointains des locomotives, les timbres grêles des tramways, sa voix porte aux soldats, soudain formés en carré, les vœux de gloire brillante et les souhaits d'un heureux retour. Elle les invite à raviver l'éclat de leur vieille renommée, et à broder, par leurs exploits dans un pays où se sont déjà illustrés leurs anciens, un nouveau nom sur les drapeaux des coloniaux.

La voix se tait. Aussitôt, la troupe s'ébranle, s'engouffre dans le hall, pénètre sur le quai, se forme devant le train immense qui va l'emporter vers son destin. Au dehors, des « Vive l'armée ! » fusent sur le passage des généraux qui, surpris, voient de nombreuses têtes se découvrir devant eux. Puis, le flot des curieux s'écoule derrière les musiques des régiments qui regagnent leurs quartiers respectifs. Et des fiacres discrets, de confortables autos, des mouchoirs furtifs cachent mal les douleurs silencieuses ou poignantes, causées par des adieux dont beaucoup seront éternels.

———————

Les Remparts de Salé.

II

DE CASABLANCA A FEZ

Casablanca : l'arrivée ; le camp d'Aïn-Bourdga ; le marché ;
l'Etat-major ; le Café du Commerce ; promenade nocturne. —
De Casablanca à Rabat ; l'entrée à Rabat. — Rabat et Salé. —
De Salé à Fez ; la concentration à El Kounitra ; la première
étape ; le combat du 22 mai ; les affaires des 24 et 25 mai ;
le dernier bivouac ; l'arrivée à Fez.

L'*Iméréthie*, apportant des renforts pour le
corps expéditionnaire, a jeté l'ancre en rade à
deux heures du matin. Dès que le jour paraît,
la sirène lance des appels précipités. Une vedette
à vapeur quitte enfin le port dont on aperçoit
au loin les constructions blanches et la petite
jetée, cause d'un gros procès entre l'État et la
Compagnie concessionnaire, pour venir aux
nouvelles. Malgré la télégraphie sans fil et les

communications postales quotidiennes, aucun transport militaire n'était, paraît-il, attendu aujourd'hui. On s'explique, et la vedette repart, pour chercher des engins de débarquement.

Ils arrivent, incommodes et lents. De grosses barcasses, lourdes et ventrues, s'accostent par quatre aux flancs du navire. La houle, très forte, leur imprime des oscillations dangereuses, rompt les amarres, brise les échelles. Les fantassins, gênés par leurs souliers, leur sac, leur fusil, hésitent avant de sauter, manquent parfois l'instant précis, se laissent glisser pesamment, tombent au fond de l'embarcation en des attitudes dépourvues d'élégance. Plusieurs, intimidés par le bruit des vagues, par les bonds désordonnés de la barcasse, ont des mouvements effarouchés de poule en présence d'un obstacle inattendu. Les dames de la Croix-Rouge, qu'un zèle ardent et une charité insensible à la réclame conduisent vers les hôpitaux marocains, rangées sur la passerelle, poussent des petits cris de commisération et d'effroi, et joignent les mains en gestes précieux. Mais elles n'ont pas vu un pauvre ménage de douanier dont la femme a fait la traversée, couchée sur le pont entre un Kabyle

mort la veille et des soldats indisposés par le
mal de mer. Ce couple infortuné, encombré par
ses inélégants colis, arrive tant bien que mal à
se caser au fond d'une barcasse où il retrouve
avec joie le poupon de deux mois, oublié par le
mari, et que des marsouins diligents ont fait passer de main en main...

Les chevaux, les bagages, les canons, dont un
spectateur novice déclarerait le transbordement
impossible, descendent plus aisément, suspen-
dus à des palans qui les déposent avec précision
et sans secousse dans les embarcations. Les
treuils grincent, les matelots crient, le désordre
paraît à son comble ; mais dans ce tohu-bohu
apparent, le second du navire, sourd aux indications bourdonnantes des uns, aux recomman-
dations affolées des autres, pointe avec calme
ses connaissements et veille à ce que les cales se
vident avec méthode. Il y parvient, non sans
difficultés.

Cependant, la première barcasse est chargée
jusqu'au bord avec ses quatre-vingts passagers.
Une vedette vient la prendre à la remorque et,
péniblement, à travers les lames, la traîne vers
le port. Les marsouins acclament la terre d'où

beaucoup ne reviendront pas. Ils sont tout joyeux d'avoir quitté le navire, ses entreponts surchauffés, sa nourriture sommaire, ses odeurs écœurantes. Ils criblent de lazzis les bateliers indigènes dont le regard éteint et la face impassible trahissent malgré tout l'insondable mépris du musulman pour le *roumi*. Le douanier comprime avec peine ses dernières nausées ; sa femme, aux yeux mornes, serre machinalement le poupon qui semble plongé dans le coma. L'amarre qui s'est rompue deux fois pendant le trajet est enfin larguée ; la barcasse court sur son erre, la houle s'apaise. Un léger choc, et l'on est à quai.

Le Tout-Casablanca des premières y est réuni. Les uniformes bigarrés de l' « armée d'Afrique, » les toilettes blanches des épouses, les ombrelles claires des demi-mondaines papillotent au gai soleil du matin. Les amabilités douceâtres, les compliments sucrés, les commentaires fielleux s'échangent en courbettes hiérarchiques, en baise-mains prétentieux, en propos badins où chacun a le « sourire du grade ». Les képis, les aiguillettes scintillent ; le major de la garnison et ses aides tourbillonnent, jetant d'un ton bref

et affairé des indications vagues. Il faut les
indigènes enturbannés et pouilleux que la curiosité attire, les coolies qui font la chaîne en
déchargeant les barcasses, les remparts et les
minarets qui font le décor du fond, pour donner
à Casablanca l'aspect légèrement
exotique d'un Mourmelon africain.

Peu à peu, compagnies de
« marsouins », batteries de « bigors » se forment sur le terre-
plein, entre la vieille muraille et
la mer. Bagages d'officiers, vivres
de réserve et de débarquement,
sont chargés sur les *arrabas* que
vont conduire des Marocains
crasseux, stylés en gestes énergiques par un sergent barbu de

En tenue
de campagne.

tirailleurs algériens, préposé aux moyens de
transport que la Place affecte aux unités débarquées. Les regards curieux, indifférents ou hostiles suivent quelque temps ces « coloniaux »,
coupables, semble-t-il, d'être venus chasser en
terre réservée ; des réflexions narquoises commentent les faces maigres, les uniformes som-

bres et sans élégance, l'allure sans apprêt de ces troupes qui arrivent précédées par une légende malveillante d'indiscipline, d'ivresse et de débilité. Les jambes encore molles de la traversée, l'estomac chaviré par le jeûne du matin, suant sous la lourde tenue d'hiver endossée pour débarquer et sous le sac chargé d'effets bientôt inutilisables, les coloniaux s'enfoncent dans le sable, s'estompent dans la poussière soulevée par le vent du large, et prennent la direction du camp d'Aïn-Bourdja.

Le paysage et les installations y sont d'une biblique simplicité. Un bosquet de quelques figuiers, où pullulent des mercantis des deux sexes, avides et vermineux; un ruisselet pour abreuver 5oo chevaux; une pompe pour donner l'eau à 3 ooo hommes, et dont le fonctionnement régulier sera fugitif comme une illusion de jeunesse ; un sol rougeâtre et nu balayé par le vent. Les soldats dressent aussitôt leurs petites tentes au milieu des cailloux, grignotent avec entrain leurs « vivres de débarquement », sans attendre les distributions réglementaires, dont une longue expérience leur démontre l'improbabilité. Ils jacassent à perdre haleine sur la politique marocaine où ils lisent comme dans un livre ouvert ; sur les chances d'aventures et de gloire que leur promet un avenir prochain. Quelques-uns, anciens zouaves ou légionnaires, à qui la médaille du Maroc épinglée sur leur vareuse donne une auréole de précurseurs, pérorent au milieu de groupes émerveillés. Puis, tout se tait ; la lourde chaleur de midi fait disparaître les troupiers sous les toiles cachou qui étouffent les ronflements de la sieste africaine.

Pendant des jours, amenés par les bateaux qui se succèdent sur la rade, transportant les renforts hâtivement expédiés de France et d'Algérie, les troupes les plus diverses s'entassent sur le plateau brûlant. Elles y attendent l'ordre d'aller rejoindre, vers Rabat ou El Kounitra, la colonne légère ou la colonne de ravitaillement qui s'y forment avec peine. Goumiers de la Chaouïa, bataillons coloniaux, batteries de bigors et de métropolitains, tirailleurs algériens et sénégalais, spahis et chasseurs d'Afrique, compagnies du génie et conducteurs kabyles finissent par former une petite ville de toile, affairée et bruyante. Et, comme dans toute petite ville, les voisins s'épient, se jaugent et potinent.

L'antagonisme des armes, les rivalités de corps
sont encore exacerbés par les bouleversements
incessants dans l' « ordre de bataille, » qui révèlent aux esprits chagrins le souci de réserver la
gloire des commandements et des résultats à
quelques privilégiés. Malgré les leçons de la
guerre de Mandchourie si chèrement payées par
les Russes, bataillons indigènes et européens,
troupes métropolitaines et coloniales, sont dislo-
qués pour être mélangés en groupements hétéroclites, inconnus de leurs chefs, où l'union
morale semble, au premier aspect, faire défaut.
Les modifications les plus inexplicables en apparence sont faites chaque jour à cet « ordre de
bataille » si laborieusement établi. Les coloniaux
notamment, réunis tout d'abord en une brigade
mixte composée de leur artillerie, de leurs deux
régiments de marche et d'un régiment de tirailleurs sénégalais, sont dispersés aux quatre vents
du ciel, dilués dans la colonne Brulard, la
colonne Dalbiez, les garnisons de la ligne d'étapes
et de la Chaouïa. Leur général, leurs colonels,
considérés en principe comme des personnages
inutiles et encombrants, sont nantis de situations
indéfinies, stables et reposantes. Mais tout finit

CASABLANCA
Boulevard du 4e Zouaves.

par se tasser sous la pression des personnes et des événements, et les préjugés disparaissent. Dès les premiers coups de feu, les divers éléments du corps expéditionnaire, aussi désunis que les tribus marocaines, vont retrouver leur cohésion ; la « liaison des armes, » la camaraderie militaire, se maintiendront désormais sans défaillance.

Entre le camp et Casablanca, où sont concentrés tous les services, les relations sont incessantes. Dès le point du jour, c'est un défilé de « corvées » qui vont chercher le matériel et les moyens de transport, dont l'arrivée à la base d'opérations ne concorde pas toujours avec celle des troupes qui doivent les utiliser. Les mulets sont étiques, les chameaux galeux ; les arrabas menacent de ne fournir qu'une courte carrière. Il faut encore alléger les troupes, réduire le contenu des sacs et les bagages d'officiers. Les effets d'hiver, les objets qui paraissent superflus, doivent être déposés dans des magasins de fortune, d'où ils ne sortiront probablement jamais. Les soldats n'auront comme vêtement chaud que leur vareuse de molleton ; leurs vêtements kaki, une chemise, un caleçon, une paire de souliers

de rechange, les vivres de réserve, leurs couvre-
pieds, toile de tente, ustensiles et outils de campement, les cartouches, leur font d'ailleurs une
charge assez lourde. Aux officiers, une petite
tente pour trois; plus de lit Picot, de table
pliante, de chaise Archinard, petit mobilier que
chacun a toujours traîné avec lui, jusque dans
les profondeurs du Centre Africain ou le grouil-
lement des villes chinoises; plus de caisses de
conserves pour les popotes, plus de flacons
mûrement choisis. Chacun, depuis le grand
chef jusqu'au dernier troupier, dormira par
terre, mâchera le biscuit et le bœuf de l'Administration, boira de l'eau claire ou le quart de
vin d'Algérie chichement mesuré les soirs de
grande fatigue. Et tandis que les fourriers, les
officiers d'approvisionnement s'empressent et se
débattent dans le maquis des allocations et de la
comptabilité, que les théories de véhicules et de
mulets de bât circulent entre Aïn-Bourdja et les
magasins du Camp n° 3, que des cavaliers rapides apportent ordres et contre-ordres, de vagues
marchands de pastilles du sérail débitent de la
mercerie et des liquides inoffensifs sur les fronts
de bandière; des sirènes marocaines, décrépites

et sales, invitent les amateurs de sensations à disparaître dans les champs d'orge ; et les désœuvrés, dont le portefeuille est encore bien garni, s'entassent dans les deux carrioles boiteuses, somptueusement dénommées voitures de place, pour aller en ville, à la recherche des nouvelles ou des plaisirs variés qu'offre la bourdonnante petite cité. Entre deux cahots, plusieurs évadés de la capitale, encore éblouis par une vision récente, fredonnent le motif entraînant : « Je veux m'en fourrer, m'en fourrer jusque-là » de *la Vie Parisienne*, dont ils ont applaudi avant leur départ la triomphale reprise.

Autour des murailles hautes et trapues, soutenues par des tours carrées couronnées de créneaux pointus et percées de meurtrières, où la teinte noirâtre des siècles s'estompe dans le jaune de chrome du soleil, surveillés par les soldats du « tabor » qui gardent des portes en décor d'opéra, les indigènes, au marché quotidien, grouillent et piaillent. Les burnous sales, les turbans crasseux, le pelage élimé des chameaux, les toisons poussiéreuses des moutons, les guenilles des mendiants étendus sur le bord de la chaussée, confondent leurs tons gris, zébrés d'ombres dures. Toutes les races du Maroc, les conquérants et les vaincus, Arabes douteux, paysans de la Chaouïa, guerriers des tribus de la forêt ou de la montagne, Sahariens razziés et vendus comme esclaves, femmes européennes disputant sur les prix, Berbères osseux juchés par deux à califourchon sur de petits ânes qui semblent avoir huit pieds, Juifs onduleux aux souquenilles noires, goumiers à l'aspect farouche se mêlent autour des étalages, s'interpellent, tourbillonnent en remous provoqués par les « balek » aigus des chameliers. Des estafettes, spahis ou chasseurs d'Afrique, des officiers passent à cheval, non sans glisser un regard vers le Café Glacier où des affiches multicolores annoncent pour le soir les débuts d'une chanteuse de genre arrivée la veille, et dont la silhouette fit sensation sur le quai.

Traversant la foule où ils mettent deux lignes claires, les courants montant et descendant des militaires ont les bureaux de l'État-major comme origine et terminus. Dans les cabanes en planches, éparses autour d'un maigre jardin que solennisent le kiosque à musique planté au milieu de la « Volière » et le mât de pavillon, une fièvre continue secoue les collaborateurs du chef dont la France et l'Europe entière attendent des actes énergiques et prudents. Une erreur dans le chargement d'un bateau, la menace d'une interpellation à la Chambre, l'attitude nouvelle d'une tribu, le dernier avis du service des renseignements, bouleversent les combinaisons les mieux préparées, rendent inutile un travail minutieux déjà terminé, font du plan d'opérations une toile de Pénélope qui ne s'achève jamais. Et c'est un incessant défilé de personnages affairés et nerveux qui viennent prendre des ordres, réclamer des explications, soumettre des doléances. A l'un il manque des mulets de transport; les canons de l'autre sont débarqués sans chevaux; un troisième reçoit des voitures sans les harnais d'attelage; c'est le capitaine d'une compagnie restée en arrière qui demande en vain où se trouve son bataillon; c'est un commandant de colonne, récemment désigné, qui voudrait connaître l'emplacement de ses troupes. Les exclamations se croisent, les plantons s'agitent, les mouches bourdonnent dans l'air surchauffé des bureaux. Le général en chef est parti pour activer la marche de la colonne

légère qui piétine autour d'El Kounitra. D'après
ses instructions, que les incidents quotidiens
rendent d'une application difficile, il faut organiser sans délai une base nouvelle à Meheydia,
renforcer la colonne volante, préparer une
colonne de ravitaillement, qui doit suivre de
près les troupes expédiées vers Fez. Les événements qui se précipitent renversent tous les
projets soigneusement mûris depuis trois ans :
« Nous avions tout prévu, tout préparé pour
l'occupation de Marrakech, les expéditions
contre les Zaër et les Zemmour ; mais il était
impossible de supposer que nous aurions à
mobiliser en un mois une colonne vers Fez. —
Hélas ! mon cher camarade, on prévoit bien, en
général, n cas de mobilisation ; mais c'est toujours le $n + 1^\circ$ qui se présente. »

Cette trépidation fébrile se retrouve dans les
quartiers commerçants. Les fournitures militaires, les projets de travaux publics, les spécu-
lations de terrains surexcitent les cerveaux, font
défiler dans les imaginations des cosmopolites,
dont les bureaux, boutiques, ateliers se multiplient dans les rues étroites, sombres et fraîches,
la vision de trésors rapidement amassés. Ouvriers

d'art, transitaires, agents de navigation, commissionnaires, entrepreneurs, coiffeurs et pédicures, ex-premières des grands couturiers de Paris, Levantins, Maltais, Espagnols, Italiens, Français même, débarquent chaque jour, attirés par le mouvement d'affaires que représentent un corps expéditionnaire de 20 000 hommes et les projets de réorganisation du Maroc. Et les magasins obscurs, d'aspect sordide, hâtivement établis dans les maisons arabes, regorgent de marchandises variées, depuis la camelote à l'usage des indigènes jusqu'aux fournitures de luxe pour les demi-mondaines cotées de la ville et les grandes réceptions de personnages officiels.

Au Café du Commerce, à l'heure de l'apéritif, les tables couvrent la petite place, et les conversations des consommateurs font un bourdonnement de ruche. Trois musiciens, épaves humaines loqueteuses et tristes, font gémir leurs crins-crins ; ils s'écoutent jouer et ne se lassent pas de s'entendre : ils donnent à leurs airs une cadence très lente, et *Comme la plume au vent* y pleure sur le rythme de la *Marche funèbre* de Chopin. D'ailleurs, les clients du Café du Commerce ne les écoutent pas ; ils ont d'autres préoccupations. Presque tous militaires et réunis en groupes hiérarchiquement sympathiques, ils discutent avec animation les nouvelles des opérations, les mérites des camarades ou des chefs, les risques de guerre et les chances d'avancement. Soigneusement sanglés dans leurs tenues claires, élégants et parfumés, ils font contraste avec les coloniaux qui, visiblement, sont traités en parents pauvres et font bande à part. Un lieutenant de tirailleurs algériens passe, hautain et maniéré, portant monocle à large ganse noire, barbe blonde soigneusement peignée, écharpe de mousseline flottante, canne recourbée dont il joue avec grâce, et cherche des yeux une place au voisinage reluisant. Il n'a qu'un regard de dédain pour les camarades aux uniformes kaki, œuvres mal venues de maîtres-tailleurs régimentaires, sans aiguillettes, brassards ou décorations, et qui observent avec malignité un spectacle si nouveau pour eux.

Mais les violons soupirent lentement les phrases passionnées de *la Veuve joyeuse* sur la place maintenant déserte. Les consommateurs sont allés continuer leurs discussions dans les « popotes » et les restaurants. Puis, quand la ville indigène s'est endormie, l'animation renaît

dans le quartier français. Par les rues moyen-
âgeuses, où scintillent de loin en loin des réver-
bères fumeux que l'électricité remplacera bientôt, des groupes reviennent vers le Café où se
dressent, entre deux parties de dominos ou de
cartes, les programmes de plaisirs nocturnes.
Les sédentaires, que leurs goûts ou leurs fonc-
tions maintiennent à Casablanca, se font les
cicerones complaisants des nouveaux débarqués.
Et ceux-ci, par curiosité, par ennui, pour oublier
un instant des séparations cruelles, font la
« Tournée des grands-ducs » à travers les volup-
tés provinciales de la petite garnison. C'est le
Casino, où des chanteuses pailletées éblouissent
dans l'auditoire les Arabes dont les yeux brillent
de convoitise ; c'est l'Éden ou le Café Glacier
qu'achalandent des voix douteuses et des mollets cambrés ; ce sont les variétés de la prostitu-
tion, que des Espagnoles inquiétantes, des
Juives grasses, au costume bariolé, s'efforcent
vainement de rendre pittoresque. Vers minuit,
les derniers noctambules ont épuisé la coupe des
ivresses locales. Ils rentrent dans leur tente ou leur
case, et les chiens qui disputent les charognes
éparses autour des remparts troublent seuls,

par leurs querelles bruyantes, le calme nocturne
de la cité.

*
* *

Sur la piste sablonneuse des caravanes qui,
longeant la mer, relie Casablanca et Tanger par
Rabat et Salé, la colonne Dalbiez chemine lourdement. Les étapes quotidiennes de vingt-cinq

A travers champs.

à trente kilomètres sont rendues interminables
par le sol sans résistance où les pieds s'enfoncent, par la poussière que soulève le vent du
large, par les premières ardeurs du climat qui,
pour les troupes venues de France, succèdent
sans transition à la tiédeur du printemps métropolitain. Et si cavaliers, fantassins, artilleurs
sont légers et joyeux au départ matinal, dans
la fraîcheur étoilée de l'aube, les derniers kilomètres s'achèvent péniblement dans la monotonie d'un paysage désert.

Les champs d'orge et de blé jaunissants
s'étendent jusqu'à l'horizon ; un palmier lointain secoue sa chevelure ébouriffée ; quelques
bouquets de figuiers, perdus dans l'immensité
d'un espace sans reliefs apparents, marquent les
emplacements abandonnés des douars. Çà et là,
les cultures cessent. La
prairie naturelle succède
aux céréales, et l'abon-
dance des pluies récentes
lui donne un charme inat-
tendu et délicieux. Tant
que le sol garde un peu
d'humidité, que la chaleur
du soleil de l'été n'a pas
atteint toute sa force,

Un berger marocain.

l'herbe disparaît sous les fleurs. Marguerites,
boutons d'or, coquelicots et bluets, liserons bleus,
rouges et blancs, capucines et primevères, cam-
panules, myosotis et glaïeuls forment un tapis
parfumé, aux couleurs innombrables et doucement fondues, où chantent les grillons, courent
les lézards verts, bourdonnent les abeilles, dan-
sent les papillons.

Très rares sont les villages permanents. Les

paysans de la Chaouïa ont de vieilles querelles avec leurs voisins les Zaër, et, comme toutes les populations rurales au Maroc, trouvent dans la mobilité de leurs tentes une sauvegarde contre les agressions. Ainsi peut déjà s'expliquer la faiblesse des moyens de répression de l'autorité légitime : les révoltés ne sont vulnérables que dans leurs moissons, et l'abondance de leurs réserves cachées dans les silos fait de l'incendie des récoltes un illusoire châtiment. Et l'on devine, dès les premiers jours, combien sera dure la tâche du corps expéditionnaire s'il doit, au nom du Sultan, réduire par la force des ennemis aussi insaisissables. La colonne Dalbiez, par exemple, traîne à sa suite 1 500 chameaux ; le ravitaillement de ses 2 000 hommes, la protection de son convoi lui enlèvent toute mobilité, seule arme efficace contre des adversaires qui se déplacent à cheval, parcourent de grandes distances dans une journée, trouvent toujours des points d'eau suffisants.

Mais, de cette colonne, quels sont le but et la destination ? Chacun l'ignore ; et nul ne s'en préoccupe, sinon sans doute le général. Le mystère absolu, qui semble ici la règle du comman-

dement, ne s'accorde guère avec les indications
des règlements militaires, qui préfèrent la diffu-
sion de la pensée du chef pour assurer la communauté des efforts. Les théoriciens de la guerre
marocaine affirment cependant que l'application
du principe contraire est plus avantageuse. Dans
une troupe considérable, qu'accompagne une
foule de chameliers et de conducteurs indigènes
d'origine douteuse, les indiscrétions auraient de
fâcheuses conséquences. Il vaut donc mieux
qu'officiers et soldats ne sachent où ils vont, ni
ce qu'ils doivent faire : ils marcheraient avec
plus d'entrain, mais le secret relatif des opérations ne serait pas sauvegardé.

Quelques éclairs, cependant, illuminent cette
nuit. Chaque jour, « le rapport des cuisiniers »
laisse filtrer les nouvelles, permet les hypothèses,
favorise les pronostics. Dès l'arrivée à l'étape,
les renseignements circulent, appuyés sur des
références respectables. D'ailleurs, dans toute
colonne en marche, il y a toujours un person-
nage bien informé qui va, de groupe en groupe,
chuchoter avec importance les plus increvables
tuyaux : « On dit que... Il paraît que, » sont
les préludes invariables de ses phrases impres-

sionnantes qui dévoilent la pensée du chef et les desseins de l'ennemi. Il se donne, en général, comme le confident de l'officier d'ordonnance ou du sous-chef d'état-major, et, par l'étalage de ces brillantes relations, rend vraisemblables les faits ou les projets les plus inattendus.

Ces informateurs bénévoles sont légèrement ridicules, mais, en campagne, ils sont précieux. Ils raniment les conversations, excitent la curiosité, maintiennent au degré convenable la fièvre de l'action. Les heures lentes des bivouacs paraissent brèves, et les lacunes d'une installation trop sommaire passent inaperçues. Pendant la marche, on songe encore aux événements annoncés la veille et dont on attend la réalisation ; le sac semble moins lourd aux épaules, et le sable plus ferme sous les pieds. En commentant les surprises de convois, les attaques de camps, dont les détails exagérés par la distance et l'imagination font supposer que l'adversaire est audacieux, le soldat trouve la route moins longue et la soif moins ardente.

Les coloniaux qui viennent de Paris, surtout, ont besoin de cette factice excitation. Ils n'ont que le petit bidon du modèle métropolitain, au lieu du récipient de deux litres, en usage dans les troupes d'Algérie. Le service de garde qui, à la capitale, forme à peu près tout leur entraînement militaire, les a mal préparés aux fatigues d'une campagne inopinée au Maroc où ils sont lourdement chargés. Leur débandade inévitable à tous les puits, mares ou ruisseaux, leur aspect accablé quand ils arrivent au bivouac, les exposent aux remarques ironiques, aux appréciations désobligeantes des « Africains » dont les chefs affectent de les

Un point d'eau.

considérer comme d'encombrants *impedimenta*. Les tirailleurs sénégalais eux-mêmes, dont une presse enthousiaste vanta les mérites, ne produisent pas une meilleure impression. Placés dans les plus mauvaises conditions matérielles, hâtivement incorporés dans la colonne Dalbiez, qu'ils ont dû rejoindre par une marche forcée, sans avoir pu prendre à Casablanca un repos indispensable, c'est seulement grâce à un esprit de corps intense que les officiers et sous-officiers des « troupes noires » évitent les déchets nombreux. Mais, après quelques étapes, ces marsouins et ces Sénégalais si décriés parviennent à forcer l'estime générale et conquérir d'actives sympathies.

D'ailleurs, les deux principaux éléments du corps expéditionnaire, « Africains » et coloniaux, ont besoin d'une indulgence réciproque. L'évident « chiqué » des uns prête autant à l'ironie que le laisser aller apparent des autres. Si les premiers se jugeaient lésés par l'intrusion des rivaux chaque jour plus nombreux dans un pays que l'armée d'Afrique a longtemps considéré comme un domaine personnel et réservé, les seconds, aigris par un accueil sans bienveillance, trouveraient leur situation bien définie par la remarque lapidaire d'un officier grincheux : « C'est nous, les Marocains. »

A Fedala, Bou Znika, les troupes ont bivouaqué autour des kasbahs qui jalonnent les routes impériales, et qui servent de gîtes aux sultans quand ils vont visiter leurs provinces éloignées, ou razzier leurs sujets rebelles. Déjà, la pénurie du bois pour la cuisson des aliments s'est fait sentir. L'Intendance a négligé de constituer des approvisionnements suffisants sur la ligne d'étapes, et oublié d'aménager les points d'eau sur une route quotidiennement parcourue par d'énormes convois et des troupes nombreuses. Les distributions sont tardives. Les troupes touchent parfois à huit heures du soir de la farine en remplacement de pain et de biscuit; et encore le combustible indispensable manque-t-il. Aux stationnements, des fournisseurs indigènes livrent du pain d'orge dont les propriétés laxatives conviennent mal à des organismes fatigués et placés dans des conditions hygiéniques déplorables. La viande, abattue et distribuée d'après le rite métropolitain, reste fâcheusement exposée pendant plusieurs heures au soleil, aux mouches et aux poussières charriées par le vent...

Jusqu'à Themara, pendant trois jours, la colonne Dalbiez avait marché dans la quiétude la plus complète. L'influence française, qui rayonne depuis Casablanca, avait épargné à la Chaouïa les fantaisies administratives et fiscales du Maghzen, et maintenait la région dans un correct loyalisme envers Moulay-Hafid. Mais là, sur les confins indécis de la contrée, l'esprit de révolte contre le Sultan, d'hostilité contre les « roumis, » venait de se manifester. Le capitaine d'une compagnie coloniale, qui collaborait à la construction de la ligne télégraphique Casablanca-Rabat, signalait l'attitude hostile des douars environnants. Au Nord de l'oued Bou-Regreg, les surprises de convois, les attaques de bivouacs témoignaient d'une audace croissante chez les tribus révoltées, dont nos troupes en marche vers Fez longeaient les territoires. D'accord avec le commandant en chef, afin d'impressionner les populations, le général Dalbiez résolut de donner quelque solennité au passage de Rabat, que ses troupes devaient traverser, avant de franchir l'oued Bou-Regreg, qui délimitait au Sud la zone des opérations.

Un ministre avait déclaré à la Chambre, quelques jours auparavant : « Nos troupes n'entreront pas à Rabat ; elles contourneront la ville sans s'y arrêter. » Mais les événements se chargent vite de démontrer que la politique marocaine est faite de contradictions. Et c'est avec une pompe relative que la colonne Dalbiez s'est donné l'illusion d'une entrée triomphale dans une cité ennemie. En tête, les quatre clairons d'une compagnie d'infanterie coloniale qui, depuis Paris, court après son bataillon qu'elle ne sait où retrouver. Les marsouins soufflent leurs pas redoublés les plus entraînants, mais bientôt la fatigue fait tort à la cadence et à l'ensemble. Le général, entouré de son état-major les suit, précédant les coloniaux qui représentent l'infanterie française dans ses troupes bigarrées. Un bataillon de tirailleurs algériens marche derrière sa nouba dont le vacarme aigrelet n'arrive pas à s'accorder avec les cuivres éclatants qui ouvrent la marche. Une batterie coloniale, un bataillon de Sénégalais, l'ambulance, des chameaux, des cavaliers ferment le cortège, qui s'engouffre sous les portes du Mellah, traverse les rues du quartier juif, sort de la ville et se forme sur le bord du fleuve où une foule d'embarcations de toute taille vont transporter sur l'autre rive hommes, chevaux, canons, mulets et chameaux, bagages et matériel qui doivent terminer l'étape au bivouac de Dar-ben-Arousi.

Le souci de conserver l'équilibre dans les

rues étroites, cahoteuses et sales, où les flaques gluantes laissaient gicler sous les souliers ferrés une boue fétide comme la boue chinoise, fixait obstinément vers le sol des yeux qui auraient volontiers admiré le spectacle environnant. Tous les Israélites des douze tribus semblaient s'être donné rendez-vous sur l'itinéraire des troupes pour contempler les libérateurs. Blonds et bruns, châtains et roux, têtes de patriarches bibliques, d'usuriers sordides ou de futurs rois de Paris, juchés en grappes au bord des maisons, ils arboraient un sourire amène, des faces joyeuses, des yeux brillants, des gestes empressés. Des juives à la figure avenante, à la taille relâchée, écrasées contre les délicats grillages des fenêtres ou mêlées à la foule, mettaient, dans les remous de toques noires, des notes claires et gaies par leurs petits bonnets rouges ou violets, leurs fichus jaunes ou verts, et leurs robes blanches. Des Arabes et des Berbères, caractérisés par leurs burnous et leurs turbans, leurs physionomies sournoises, fermées ou cruelles, assistaient impassibles à cette invasion de roumis qui marquait la fin d'un régime de rapines et d'oppression.

Vu de la plage découverte par la rivière que ne refoulait plus la marée, le spectacle de l'embarquement était de ceux qui ne s'oublient jamais. Les curieux innombrables, couronnant les créneaux des antiques remparts patinés en vieux rose, se dé-tachaient sur un ciel d'azur clair où se découpaient les constructions blanches de la ville arabe, les maisons bleuâtres du quartier juif, le mât de la télégraphie sans fil, les minarets grisâtres, le bloc massif des bas-

La tour Hassan, à Rabat.

tions qui plongent dans la mer. En face, à demi masquées par les dunes, les murailles de Salé la blanche, aux tours carrées, aux créneaux pointus, laissaient apparaître les terrasses éclatantes et désertes, les toitures vertes des mosquées, les feuillages sombres de grands figuiers. Au large, le *Forbin* à l'ancre surveillait la ville et la tenait sous la menace de ses canons. Et, vers l'amont, la tour Hassan, tragiquement solitaire, dressait sa silhouette rouge par-dessus les jardins, et semblait protester, de toute sa masse orgueilleuse, contre les destinées nouvelles imposées au vieil empire musulman.

*
* *

Sur la plaine de sable fin abandonnée par l'oued Bou-Regreg au début de la saison sèche et qui, large de 8oo mètres, s'étend du fleuve aux remparts de Salé, un bataillon de coloniaux, un peloton de spahis ont bivouaqué et gardent la ville. La colonne Dalbiez les dépasse, abandonnant sa compagnie de marsouins qui est enfin arrivée à destination. Et ceux qui restent ne voient pas s'éloigner sans regret les troupes que le général Moinier attend impatiemment pour renforcer la colonne Brulard et marcher avec tout son monde, en toute hâte, jusqu'à Fez.

Pendant que les derniers arrivés dressent leurs petites tentes, les renseignements et les nouvelles s'échangent dans un brouhaha bruyant. Les anciens mettent au courant des événements les nouveaux venus, qui n'en avaient perçu que

des échos très affaiblis. C'est ainsi qu'on leur
apprend : la création d'une base secondaire de
ravitaillement à Meheydia, l'attaque du bivouac
de Dar-ben-Arousi le 2 mai, celle d'El Kounitra le 6, de Lalla Ito le 11, où les clameurs des
femmes poussant les guerriers à l'assaut dominait
le bruit des canons et de la fusillade ; les surprises des premiers convois lancés avec trop de
confiance entre Salé et El Kounitra, où les
« tringlots, » quoique sans escorte, firent brillamment leur devoir ; la marche pénible de la
colonne Brulard qui, pour ne pas s'engager à
travers les pièges de la forêt de Mamora,
devait s'enlizer dans une plaine encore à demi
inondée ; les intentions menaçantes des tribus
Zemmour, Cherarda, et Beni Hassen qui, par
bonheur, ne semblaient pas disposées à prendre
simultanément l'offensive ; l'attitude équivoque
de Salé, qui avait fermé ses portes à la colonne
légère, et dont les habitants, laissant les femmes
dans la ville, couraient à la campagne et
venaient, la nuit, tirailler sur le bivouac.

Il semble, à ce sujet, que l'autorité militaire
ait parfois poussé trop loin la patience et la man-
suétude. Quoique nous fussions au Maroc pour

y faire œuvre de police et non de conquête, nous aurions pu mettre en pratique avec une sage rigueur le système des responsabilités collectives qui, dans nos lointaines colonies, aussi bien que pendant l'expédition de Chine, a donné presque toujours d'excellents résultats. La garde des portes de Salé par des postes français n'était pas une mesure de protection suffisante. La

La fontaine de Salé.

perspective, après chaque attentat, d'une exécution partielle ou d'un bombardement réduit, aurait plus sûrement calmé le zèle patriotique ou pillard des tribus de la région. En pays arabe, on doit se montrer fort si l'on veut inspirer la crainte, et les sultans, quand ils le peuvent, appliquent, sans ménagements, ce principe absolu.

Les gens de Rabat, quoique secrètement hostiles à Moulay-Hafid, paraissaient moins farouches que les habitants de Salé. Depuis plus longtemps, d'ailleurs, ils étaient en contact direct avec les Européens : les consuls, une station de

télégraphie sans fil, une importante minoterie,
des comptoirs commerciaux, les bateaux qui
faisaient escale dans la rade pour échanger les
articles courants d'exportation européenne contre
l'orge, les peaux, les tapis, donnaient une apparence de communauté d'intérêts aux relations
entre indigènes et roumis.

Mais, surtout, la présence
d'un « tabor » important,
troupe de toutes armes de
la police marocaine intelli-
gemment organisée par les
officiers et sous-officiers
français au service du sultan, maintenait les Arabes de
la ville et les Berbères de

Femmes marocaines.

la campagne dans une fataliste tranquillité.

Tandis que les Israélites de Salé, dès l'apparition de nos colonnes, devaient faire un exode
précipité pour fuir la colère des habitants et se
mettre à l'abri des représailles caractérisées par
le pillage de leurs maisons, le quartier juif, le
mellah de Rabat, exultait. Jamais les petits
commerçants n'avaient été à pareille fête. Ils
trouvaient enfin l'occasion, pour eux et leurs

enfants, d'utiliser les phrases françaises apprises
dans les écoles que la prévoyante Alliance israé-
lite universelle organisait depuis 1882. Visiblement, ils semblaient croire que nous allions
exiger aussitôt du Sultan leur émancipation
comme en Algérie, et que notre intervention
était voulue par Jéhovah pour assurer le
triomphe d'Israël. Leur familiarité, leur complaisance étaient sans bornes. Leurs jeunes
gens arboraient déjà le costume européen, sym-
bole de leur affranchissement. Et l'on pouvait
prévoir la soudaine fragilité des barrières éle-
vées par les gouvernants arabes, — qu'on ne
saurait pourtant incriminer d'obscurantisme
romain, — contre une race qu'ils redoutaient.
Bientôt disparus, les mellahs analogues à nos
ghettos moyenâgeux ; oubliés, l'interdiction
du turban, la souquenille et le bonnet noirs, la
peinture bleue des maisons ; abolies, les défenses
de porter des armes apparentes et de franchir
certaines portes à cheval ! En attendant, ils servaient de guides empressés et dociles, de four-.
nisseurs diligents ; ils venaient, sur les fronts
de bandière, dresser leurs tentes marabouts où
se ruait la clientèle militaire, attirée par la modé-

ration relative des prix contre lesquels les mercantis ou commerçants européens qui suppor-
taient depuis Casablanca des frais généraux considérables pouvaient difficilement lutter.

Un grand journal parisien voulant démontrer
la prudence et la bonne foi de notre diplomatie
dans le problème délicat de l'occupation des
villes marocaines, annonçait triomphalement :
« Nos troupes ne s'installeront ni à Rabat, ni à
Salé ; elles occuperont Bou-Regreg. » Comme
tant d'autres de ses confrères, il avait, une fois
encore, pris le Pirée pour un homme, un fleuve
pour une localité. Mais, vraiment, la présence
d'une force militaire sur les sables de la rive
était alors indispensable, malgré les mauvaises
conditions hygiéniques de leur installation. Les
convois qui traversaient le fleuve à Rabat restaient parqués sur la plage de Salé avant
de repartir pour El Kounitra, où s'organisait
une colonne de ravitaillement vers Fez, sous
le commandement probable du colonel Gouraud.
Et les troupes, dont le rôle était d'assurer la
sécurité du passage, stationnaient sur un sol poussiéreux, dans une atmosphère saturée de sable
et d'émanations pestilentielles répandues par les

cadavres d'animaux abandonnés au pied des remparts, près des centaines de chameaux, chevaux et mulets vivants qui augmentaient l'infection.

Certes, les emplacements agréables de camps et de bivouacs ne manquaient pas aux environs. On aurait pu avoir le choix entre le plateau bien aéré de Dar-ben-Arousi, aux sources nombreuses ; les jardins de Salé, bien arrosés, embaumés par les senteurs des grenadiers et des orangers, où les figuiers, les mûriers énormes, les arbres fruitiers d'Europe, mettent une ombre fraîche. Sur la rive gauche le plateau de Chellah offrait les vastes prairies qui entourent la Kasbah d'Abd-el-Aziz, et surtout les douces ondulations séparées par de clairs ruisseaux, d'où jaillissent des fontaines abondantes, et d'où émergent, entre des bouquets de bois, les vestiges d'une ville romaine. Les Arabes ont succédé aux Latins, et sur ce coin de terre comme dans tout le reste de l'Empire, ils les ont égalés, parfois même dépassés dans le faste et l'ampleur des constructions. Remparts gigantesques, portes monumentales, aqueducs immenses, canalisations minutieuses témoignent à Chellah, comme à Rabat et Salé, des splendeurs d'une civilisation passagère et qui semble éteinte à jamais.

* * *

A mesure qu'arrivent les renforts expédiés de France, d'Algérie et du Sénégal, les troupes débarquées sont envoyées dans les postes de la ligne d'étapes, et les détachements qui les occupaient sont poussés vers le Nord. C'est ainsi que deux bataillons coloniaux, un peloton de spahis, une batterie de 75, échelonnés entre Bou Znika et Salé, et qui se croyaient voués jusqu'à la fin de la campagne au rôle ingrat des escortes, vont rejoindre à El Kounitra un bataillon de tirailleurs algériens, un escadron de chasseurs d'Afrique, et les services correspondants, pour former la colonne Gouraud.

Si l'objectif et la composition de cette colonne étaient définis depuis longtemps dans le mystère des états-majors, le choix du chef n'avait pas été fait sans difficultés. De nombreux candidats avaient réclamé l'honneur de ravitailler Fez à la suite des troupes du général Moinier. Mais il n'avait pas été possible d'évincer le plus jeune colonel de l'armée française, déjà com-

mandeur de la Légion d'honneur, à qui ses
campagnes précédentes du Tchad et de Mauritanie donnaient une auréole de chance inépui-
sable et de science incontestée. Il fallait aussi
réserver une part équitable dans les opérations
aux éléments de l'armée coloniale dont la presse
et le Parlement avaient exigé l'envoi au Maroc.
L'émulation et l'esprit de corps allaient donc se
manifester sous leurs formes les plus nobles et
contribuer, autant que l'habileté manœuvrière
du chef suprême, à la rapidité, aux succès décisifs de l'expédition.

Le 19 mai au soir, la concentration à El Kounitra était terminée. Dans l'après-midi, le capitaine Petitjean, des tirailleurs algériens, avait
été tué près du poste, quelques hommes blessés,
pendant une escarmouche avec les guerriers
zemmour qui étaient venus faire le coup de feu
contre les tranchées et qui, refoulés dans la forêt
voisine, n'avaient pu inquiéter l'arrivée des
troupes à l'étape, ni les fractions du convoi
dans leurs mouvements préparatoires entre
Meheydia et la Kasbah d'El Kounitra. Le lendemain, la colonne enfin constituée devait se
mettre en route pour Lalla Ito.

Le départ avait été fixé à trois heures du matin. Ce n'était pas trop tôt pour une étape de 42 à 45 kilomètres au début de l'été, avec une caravane de 1 700 chameaux dont le premier groupement est difficile et lent, un troupeau de 300 bœufs, des soldats lourdement chargés, peu habitués à la marche en terrain sablonneux. Mais, malgré les ordres minutieux de la veille, un de ces contretemps, qui laissent impuissant le chef le mieux obéi, retarda jusqu'à neuf heures et demie le départ de la colonne tout entière. Ainsi commencée sous le soleil déjà chaud, à travers une plaine déserte et sans arbres, l'étape s'annonçait désastreuse. Elle l'aurait été en effet si un incident, d'ailleurs prévu dans le dispositif de marche, n'avait rendu quelque vigueur aux troupes épuisées.

Vers la fin du jour, alors que les traînards, de plus en plus nombreux, se laissaient dépasser par leurs camarades et s'égrenaient entre l'arrière-garde et le détachement de spahis qui fermait la marche, quelques Zemmour sortent de la forêt et viennent, à moins d'un kilomètre de nos derniers cavaliers, montrer de belliqueuses intentions. En même temps, sur la li-

sière sombre, apparaissent de nombreux groupes
ennemis qui semblent prêts à profiter de l'obscurité naissante pour tenter une fructueuse opération contre le convoi. Comme par enchante-
ment, la vigueur renaît dans leurs jambes lassées. Les traînards, dans leur crainte d'être
abandonnés sur la route, exposés aux fantaisies cruelles des Marocains, accélèrent l'allure et
viennent grossir l'effectif de la compagnie d'arrière-garde qu'ils ne peuvent dépasser. Ils ne
sentent plus le poids du sac et des cartouches,
les ampoules aux pieds, le sable du sommeil
dans les yeux, les tiraillements de la faim. Les
spahis, joyeux de voir l'ennemi, s'égaillent en
fourrageurs et se dirigent à travers la plaine nue
sur les cavaliers zemmour qui esquissent une
fantasia, font tourner leurs chevaux en cercle
et lâchent au hasard des coups de fusil inoffensifs. La compagnie d'arrière-garde s'attarderait
volontiers à contempler ce spectacle improvisé ;
les hommes échangent leurs impressions avec
une volubilité nerveuse qui, chez quelques-uns,
doit masquer une certaine appréhension. Mais
l'ennemi se rapproche, sans offrir cependant un
but qui justifie une riposte de nos fantassins ;

FEZ

seuls, quelques spahis s'arrêtent et font le combat à pied, sans doute pour essayer leurs cara-
bines. Un marocain tombe ; on aperçoit ses
compagnons qui le relèvent et l'emportent dans
la forêt.

Grâce à l'excitation causée par cet intermède,
les derniers kilomètres s'achèvent assez aisément.
Nul n'osait plus rester en arrière, et les plus
éclopés étaient devenus les plus légers. Il faisait
nuit noire, car le premier quartier de lune avait
depuis longtemps disparu, quand la colonne
arriva devant les marais profonds qui protègent
les abords de Lalla Ito. En plein jour, le passage était scabreux ; dans les ténèbres, avec des
attelages, des chameaux, des hommes épuisés,
il aurait pu se changer en désastre, si les Zemmour s'étaient montrés plus audacieux. Affa-
lées dans l'herbe humide, les unités attendaient
leur tour sans se plaindre, car l'intensité de la
fatigue étouffait les velléités de récriminations.
Des arrabas, des canons, des caissons, des voitures d'ambulance s'écartent du gué, s'enlizent
dans la vase, renversent leurs chargements ; les
conducteurs crient, les chameliers tempêtent ;
dans l'eau jusqu'aux épaules, artilleurs, fantas-

sins redressent les véhicules, poussent aux roues, stimulés par les brefs encouragements des chefs. A onze heures, les dernières troupes s'installaient enfin sur leurs emplacements de bivouac ; et, sans force pour préparer un repas sommaire, la plupart des hommes s'endormaient, l'estomac creux, d'un sommeil agité que traversaient des cauchemars et des rêves de gloire.

Le lendemain matin, dès six heures, la colonne Gouraud était prête à repartir. Elle avait accompli, la veille, un véritable tour de force en franchissant, dans les plus mauvaises conditions, par une marche ininterrompue de quatorze heures, une étape que la colonne légère avait parcourue en deux jours. De tels soldats étaient dignes d'un tel chef. Ils avaient montré qu'ils étaient capables de réaliser tout ce qu'on peut demander aux forces humaines. L'épisode a passé presque inaperçu dans la suite rapide des événements, mais il mérite d'être retenu comme un exemple de l'endurance et de l'entrain qui sont toujours, malgré les doléances des pessimistes, les meilleures et les plus durables qualités du troupier français.

Les étapes suivantes devaient être moins longues, mais presque aussi pénibles, par les obligations que la nature et la tactique de l'adversaire, la protection du convoi, imposaient à la colonne. Pour tenir les chameaux, objectif très vulnérable, hors de la portée des fusils ennemis, les compagnies d'infanterie en flanc-garde devaient, pendant toute la journée, cheminer à travers les orges et les blés mûrs. Enfoncés jusqu'aux épaules dans l'océan sans fin des épis d'où montait une chaleur lourde, aveuglés par les moucherons, les hommes se maintenaient péniblement à hauteur du convoi qui marchait allègrement sur la piste des caravanes. Plus loin, sur les flancs, les cavaliers, l'œil aux aguets, suivaient les crêtes légèrement accentuées mais favorables aux embuscades. Grâce à ces précautions, et nulle végétation ne masquant les vues, comme dans les pays tropicaux où les forêts épaisses, les hautes herbes, rendent illusoire le service de sûreté, toute surprise devenait impossible. En réalité, les ennemis furent toujours signalés à temps et leurs projets éventés. On le vit bien chaque fois qu'ils tentèrent de mordre à la proie magnifique représentée par le convoi

et qui surexcitait leurs guerrières ardeurs.
D'ailleurs, le manque de cohésion entre les
tribus poussa fréquemment les plus faibles à
« sauver leur épingle du jeu » en dévoilant les
intentions de voisins puissants et redoutés qui les
forçaient de combattre avec eux.

Ainsi, dès l'arrivée au bivouac de Mechra-
bou-Derraa, sur la rive de l'oued Beht, qui roule
des eaux claires et rapides entre ses berges en-
caissées, un caïd venait prévenir le commandant
de la colonne d'une attaque préparée par les
Beni Hassen pour la nuit, ou la matinée du
lendemain. Il était obligé, disait-il, d'y partici-
per pour éviter des représailles, mais il voulait
dégager sa responsabilité en affirmant sa sympathie pour les Français. Un tel avis était trop
précis pour être dédaigné. Les champs d'orge
et de blé qui entouraient le bivouac rendaient
facile une de ces attaques de nuit que les tribus
tentent volontiers ; mais, soit par lassitude,
défaut d'entente ou retard au rendez-vous, le
camp ne fut pas inquiété.

Le renseignement était cependant exact. Au
point du jour, le lendemain 22 mai, tandis que
les premiers éléments de la colonne commen-

çaient à défiler sur la route de Sidi Gueddar, le colonel reçut une confirmation nouvelle de l'avis de la veille. Aux abords des douars lointains qui faisaient des taches brunes dans les champs, on pouvait remarquer, à la lorgnette, une animation insolite. Bientôt, de tous côtés des points blancs se meuvent dans les moissons, se réunissent en petits groupes, se rapprochent lentement, deviennent des cavaliers nombreux, qui semblent sortir de terre et manœuvrer de façon à faire un cercle immense autour du convoi dont les divers éléments, disséminés sur une longueur de cinq kilomètres environ, sont également vulnérables et paraissent également menacés. Soudain, quelques coups de fusil éclatent à l'arrière-garde ; sur les flancs, des tourbillons de poussière signalent une offensive rapide des cavaliers Beni Hassen ; mais nos canons de 75, promptement mis en batterie, crachent quelques obus bien ajustés qui produisent chez les assaillants une véritable panique. Les unités d'infanterie, affectées à la protection latérale de la colonne, n'ont plus qu'à refouler lentement les ennemis qui se retirent suivant la direction générale de marche, vers une ondulation de terrain perpendiculaire à la route, où s'agitent des silhouettes lointaines, où se livre un combat furieux

A l'avant-garde, en effet, les spahis éclaireurs de la colonne venaient de se replier en toute hâte, après avoir éventé une embuscade tendue par trois cents Marocains environ, en arrière de cette crête d'un faible relief d'où ils dominaient la route et pouvaient apercevoir tous les éléments du convoi qui allait s'offrir à leurs coups. Un de nos cavaliers avait été tué à bout portant, et ses camarades n'avaient eu que le temps d'accourir au galop pour signaler le danger imminent. Le plan des ennemis se dévoilait alors dans toute sa simplicité. Avec une habileté manœuvrière qui prouvait une longue pratique de ce genre d'opérations, ils avaient tout d'abord harcelé la colonne sur l'arrière et les flancs pour tromper son chef sur leurs véritables intentions et l'obliger à faire presser la marche en groupant tout son monde à l'avant. Ils escomptaient la confusion et le désordre que cette opération produit toujours sur leurs victimes habituelles et ils espéraient profiter des avantages d'une embuscade inattendue, d'une fusillade nourrie, d'une charge furieuse de leurs cavaliers, pour vaincre les dernières résistances et capturer au moins une partie importante des chameaux.

Ce projet fut heureusement déjoué. Tandis que le colonel, accoutumé par ses campagnes antérieures à la tactique des Touaregs et des Maures pillards, réglait la marche de son convoi, sans se laisser émouvoir par les démonstrations fallacieuses des guerriers que l'artillerie tenait à distance, la compagnie d'avant-garde, livrée à ses seules forces et qui ne pouvait espérer un renfort immédiat, déployait trois de ses sections à cheval sur la route et progressait par échelons en ripostant de son mieux au feu enragé de l'ennemi. Des hommes tombent ; les camarades vident leurs cartouchières, et, sans émotion apparente, continuent à tirer. Les Marocains surpris par cette offensive, tentent de s'y opposer. Avec de grands cris, qui semblent invoquer la protection de Mahomet, leurs cavaliers s'élancent au galop, portant en croupe des fantassins qu'ils déposent dans un épais fourré de chardons d'où ils pourront à leur aise fusiller nos tireurs. Mais une section de mitrailleuses accourt au pas pesant de ses mulets. Par une chance extraordinaire, aucun des animaux, dont l'ensemble forme une cible superbe, n'est touché. Les mitrailleuses s'établissent à la gauche de la ligne, et « les fusils du diable, » comme les nommaient les Marocains, font entendre leurs détonations stridentes et saccadées. Une section de marsouins leur sert de soutien contre un assaut probable de l'ennemi ; par endroits, quarante mètres à peine séparent les combattants. Les chefs de section ne peuvent résister à la tentation ; les revolvers sortent de leurs étuis et le lieutenant, calme comme au stand, abat un gros Marocain barbu qui le visait avec son mauser en montrant son buste à travers les chardons. Enfin, les Beni Hassen sont démoralisés par la progression lente mais continue des marsouins, qui, exécutée la droite en avant, les refoule peu à peu sous le feu des mitrailleuses. La crainte d'un corps à corps que leur font prévoir imminent les éclairs des baïonnettes placées au bout des fusils, la conviction d'avoir manqué leur coup, l'apparition de compagnies qui s'approchent et vont bientôt renforcer notre ligne de combat, les décident à une prompte retraite. Brusquement, tout se tait, dans le fourré comme sur la hauteur. Les ennemis ont disparu, en abandonnant, avec leurs armes et leurs chevaux tués, leurs blessés qui gémissent, une centaine de morts dont les yeux vitreux semblent figés dans l'admiration du Paradis musulman.

De notre côté, les pertes étaient sensibles, si l'on considère la faiblesse des effectifs réellement engagés. Outre le spahi dont la mort avait démasqué l'embuscade toute proche, la section de mitrailleuses comptait deux blessés. Dans la compagnie de marsouins qui, suivant l'expression du colonel, avait « les honneurs de la journée, » l'appel fait à la fin de l'action révélait 4 tués et 18 blessés dont 14, grièvement touchés, étaient déjà confiés aux soins de l'ambulance. La section de l'adjudant avait le tiers de son effectif hors de combat ; le sous-lieutenant, tout frais émoulu de Saint-Cyr avait brillamment reçu le baptême du feu. Dans la troupe, la surexcitation causée par la joie de vivre, qui suit les engagements violents, se traduisait par des conversations bruyantes où tous parlaient à la fois : l'un montrant son casque traversé par une balle ; l'autre, la crosse de son fusil brisée;

certains, légèrement atteints, faisaient envier
leur main sanglante, leur nez éraflé, leur cou
mordu par la caresse brutale d'un projectile.

L'aventure d'un blessé semblait donner quelque apparence de raison aux théoriciens de la
fatalité. Les journaux de Paris, et, après eux,
ceux de Londres, ont noté l'histoire d'un soldat
qui s'était subrepticement glissé dans les rangs
d'une compagnie expédiée au Maroc; découvert
sur le quai de la gare au moment de monter
dans le train, il avait été renvoyé à la caserne,
malgré ses supplications. Or, cet épisode a une
suite qui vaut d'être racontée. Le lendemain,
à Marseille, quand sa compagnie s'apprêtait à
quitter la vieille caserne de la Charité pour aller
s'embarquer sur l'*Iméréthie*, le capitaine vit
arriver l'enragé volontaire qui, tout essoufflé,
semblait avoir suivi le train à la course, comme
le chameau de Tartarin. Le souvenir des marsouins du colonel de Pélacot qui, en 1900,
s'étaient cachés à fond de cale pour accompagner
en marge de l'effectif réglementaire, leurs
camarades expédiés à Tien-Tsin, pouvait avoir
inspiré cette fugue; mais l'explication était plus
simple. Ce soldat nommé Augier, comptait

dans une des unités que le 23ᵉ régiment colonial avait dirigées sur le Maroc quelques jours
auparavant ; pour un motif quelconque, on
l'avait laissé à Paris. Il avait espéré profiter du
départ de la dernière compagnie ; repoussé, il
était allé conter sa mésaventure au colonel,
l'avait attendri, et en avait obtenu l'autorisation
de prendre le rapide pour Marseille, où il pouvait ainsi arriver à temps. Ses vœux étaient
exaucés. A Salé, quand tout le bataillon parisien
fut enfin réuni, Augier ne voulut pas quitter sa
compagnie d'adoption. Un simple jeu d'écritu-
res et l'assentiment des deux capitaines lui
donnèrent la joie de rester avec ses nouveaux
camarades. Et, le 22 mai, il tombait un des
premiers, avec quatre blessures, à la mâchoire,
aux bras et à l'épaule, dont il ne mourut pas.
Ainsi, cet homme qui pouvait vivre tranquille à
Paris, qui pouvait même faire toute la campagne sans encombre s'il avait suivi sa destination
normale, avait intéressé à son sort le colonel,
un major de régiment, deux capitaines, fait
fléchir la rigueur des règlements, supprimé les
lenteurs de l'administration, pour tomber à la
première affaire et mériter en quelques jours

la récompense dont rêvent tous les vieux soldats.

Le passage étant ainsi dégagé, la colonne Gouraud continua sa route jusqu'au poste de Sidi Gueddar. L'étape était courte, mais les troupes avaient besoin de repos, et la durée d'écoulement du convoi, qui devait traverser l'oued Rdom par un gué très encaissé, ne permettait pas d'aller plus loin. D'ailleurs, il fallait éviter aux morts les profanations de sépulture en donnant à leurs tombes une protection efficace, et soigner les blessés dans l'ambulance du poste, sommairement installée sous des tentes inconfortables.

Cinq morts et vingt blessés arrivant ensemble, il n'en fallait pas autant pour jeter la confusion et le trouble dans une formation sanitaire mal outillée, dont le personnel administratif fut vite débordé par cette affluence inusitée. Le chiffre des pertes passait en effet pour être énorme, dans un pays où les grandes batailles sont, le plus souvent, des fantasias presque inoffensives, bruyantes et colorées. Il fallait remonter jusqu'aux débuts de l'occupation de Casablanca, jusqu'aux affaires de la colonne des Tadla pour compter une « casse » aussi importante. Le matériel manquait ; les blessés hurlaient sous les sondes et les bistouris, dans le brancard régimentaire qui servait de table d'opérations. Le poste, établi dans une plaine sans arbres, ne possédait même pas le bois nécessaire pour la confection de cercueils improvisés. Et c'est enroulés dans leurs couvre-pieds maculés de taches sombres par le sang desséché, sans prières, mais non sans discours, que les premiers tués de la colonne Gouraud furent confiés à la terre grisâtre de Sidi Gueddar. Des croix et des couronnes de fleurs sauvages hâtivement tressées étaient l'hommage modeste et attendri de leurs compagnons d'armes dont plusieurs, grisés par la sobre majesté de cette cérémonie sans musique et sans larmes, suivis du cortège immense où tous les grades se coudoyaient dans une fraternelle émotion, souhaitaient peut-être pour eux-mêmes une mort suivie d'une telle apothéose.

L'engagement du 22 mai était une leçon sévère pour les tribus de la région. Il leur montrait, à leurs dépens, les dangers d'une lutte rapprochée où leur manque de cohésion, leur infériorité en tactique les exposaient aux ripostes sanglantes et aux échecs retentissants. Nous

verrons, dans la suite, leurs guerriers profiter
de l'expérience, en s'exagérant la valeur de ses
enseignements. Ils se révéleront alors partisans
convaincus de « l'ordre mince » ; ils étendront
démesurément leurs fronts de combat, prenant
bien soin de ne plus présenter à nos canons et
à nos fusils que des objectifs sans consistance,
dont l'éloignement et la mobilité déconcertent.
Mais, en se rendant moins vulnérables, ils per-
dront les avantages de l'offensive résolue que
leur nombre autoriserait. Présents partout sur
le terrain choisi par eux dans les rencontres
qu'ils ont préparées, ils ne seront forts nulle
part. Sans réserves, sans chef unique et obéi,
sans volonté ferme d'aborder et de vaincre,
grâce à leur tactique nouvelle, ils ne feront plus
éprouver à nos troupes que des pertes légères,
en inquiétant leur marche sans pouvoir la retarder, ni protéger leurs villages, leurs douars et
le nouveau Sultan qu'ils ont reconnu.

Aucun incident ne marqua l'étape du 23 mai.
Les surprises auraient été cependant faciles
entre la vallée de l'oued Rdom et celle de l'oued
Sebou, que la colonne atteignait après une marche assez courte. A la plaine immense, couverte

de champs d'orge et de blé, de prairies où pendant plusieurs heures les flancs-gardes avaient marché dans les fleurs, où les villages étaient petits, misérables et nombreux, avait succédé une région tourmentée, où la route s'allongeait entre des chaînes de hauteurs parallèles, séparées par de profonds ravins. L'espoir d'arriver sans encombre à Fez illuminait déjà les physionomies de quelques ennemis des sensations fortes et des émotions vives ; mais il fut vite déçu par la nouvelle qui circulait déjà dans le camp. Un caïd des Ouezzan avait dit au colonel : « La poudre a trop parlé hier, du côté de Dar-ben-Ali ; elle parlera sans cesse jusqu'à Fez. » Sur la foi de ce renseignement répandu par les hâbleurs de la colonne, les amateurs de gestes violents et d'actes sanguinaires se hâtèrent d'échafauder des rêves reluisants de médailles, de croix et de galons.

Le caïd ne s'était pas trompé. Les Cherarda qui, trois jours auparavant, avaient laissé passer tranquillement les troupes du général Moinier, s'étaient ravisés. Excités par la perspective d'une fructueuse razzia et par la faiblesse relative de la colonne Gouraud, deux fois moins nombreuse

que la colonne de secours, ils voulurent venger
la défaite des Beni Hassen en affirmant leur
propre supériorité. Malheureusement pour eux,
l'itinéraire des troupes françaises évitait le col
de Zegotta dont ils sont les portiers intéressés,
et leur intervention trop tardive ne leur permettait plus d'utiliser complètement la topographie
de la région.

Les guerriers des tribus sont paresseux. Ils
ne savent pas que le monde appartient aux
hommes qui se lèvent tôt. Tandis que nos troupes se mettaient en marche dès l'aurore et parfois en pleine nuit, leurs ennemis n'étaient prêts
à la lutte que vers huit ou neuf heures du matin.
Cette particularité devait faciliter pendant toute
la campagne le départ quotidien des colonnes,
opération toujours délicate quand un gros convoi de chameaux les alourdit, et leur donner la
tranquillité nécessaire pour franchir sans dommage les passages dangereux. Ainsi, le 24 mai,
pendant plusieurs kilomètres, la route suivie par
la colonne Gouraud longeait l'oued Sebou ; tra-
cée en corniche sur les derniers contreforts
du Djebel Tselfat, elle pouvait être aisément
défendue par des adversaires audacieux. Mais,

surtout, quelques dizaines de tireurs adroits, embusqués dans les herbes et les rochers sur la rive opposée du fleuve profond, large d'à peine cent mètres, auraient fait un copieux massacre dans les chameaux et les attelages, pressés en groupes épais, qui devaient défiler devant eux. Protégés par leurs abris, hors de l'atteinte des flancs-gardes que l'absence de gués et d'embarcations maintenait sur la route, ils auraient sans danger démonté l'artillerie, décimé le convoi, obtenu des résultats matériels et moraux considérables.

En d'autres pays, dans l'Afrique centrale ou le Tonkin, par exemple, nos ennemis habituels n'auraient pas manqué de profiter d'une si belle occasion. Les marches de nuit, les embuscades savantes, les surprises au petit jour n'effraient pas les partisans de Doudmourah ou les fidèles du Dê-Tham. Et quand on songe au mal que nous ont fait ces pillards ou ces pirates, ainsi que nous les désignons avec dédain, et qui, au Tonkin notamment, n'ont presque jamais réuni plus de 200 fusils, on doit se féliciter de ne pas avoir eu de semblables adversaires sur les routes marocaines. Tapis dans les orges, blottis derrière les rochers, invisibles et insaisissables, ils n'auraient pas fait de démonstrations théâtrales, propices à nos brillants déploiements, mais nous aurions payé beaucoup plus cher, en morts et en blessés, les départs des bivouacs, les passages de gués, les bulletins de victoire et la soumission des tribus.

*
* *

L'indolence des Marocains fut donc, pour la colonne Gouraud, la plus efficace des protectections. Quand les guerriers, enfin réveillés, se montrèrent sur les hauteurs, les troupes étaient sorties du long défilé qui bordait le fleuve, et pouvaient utiliser la supériorité de leur tactique et de leur armement, l'habileté manœuvrière de leur chef. L'artillerie, aussitôt postée en avant, arrosa de ses shrapnells les collines où paraissaient les guerriers cherarda qui furent obligés de se disperser, non sans pertes, et de s'écouler vers le flanc droit de la colonne dont ils suivirent à distance les mouvements. Mais les flancs-gardes d'infanterie couronnèrent promptement les hauteurs qui dominaient la route, pour tenir le convoi hors de l'atteinte des projectiles ennemis. Ainsi encadrée, la colonne continua sa marche sans autres interruptions que les arrêts causés par les changements successifs de position de l'artillerie, et par les rassemblements fréquents du convoi dont il fallait, à certains endroits de la route, réduire l'allongement

Tandis que les Algériens, ravis d'entrer en ligne et de faire parler la poudre, tiraillaient avec rage sur des guerriers lointains, qui n'osaient plus s'approcher pour riposter à bonne distance, un épisode intéressant rompait la monotonie du combat dans la zone de marche d'une compagnie de marsouins. En progressant à couvert dans un vallon, elle arriva, sans être éventée à proximité d'une troupe de cavaliers cherarda qui, se voyant découverts, s'enfuirent précipitamment. Salués aussitôt par des salves bien ajustées, l'un d'eux, vêtu d'un manteau rouge, monté sur un cheval superbe, mortellement atteint, s'affala sur le sol. C'était, sans doute, un chef important, car la troupe s'arrêta aussitôt, et deux cavaliers s'élancent pour emporter le corps. Ils sont abattus par quelques bons tireurs ; deux autres suivent, qui ont le même sort. Deux nouvelles tentatives n'ont pas plus de succès ; enfin, les survivants terrifiés se décident à s'éloigner. Quand la compagnie, continuant sa marche, arriva sur la place, huit cadavres de guerriers formaient la garde d'honneur du chef défunt dont le magnifique mauser neuf, le sabre à la poignée enrichie de ciselures d'or, la poche à cartouches, élégante et bien garnie révélaient le haut rang.

Vers trois heures, l'intensité de la fusillade décroît ; les coups de canon s'espacent et cessent. L'oued Zegotta est traversé sans encombre, et c'est dans le calme du soir et le bruit des moissons doucement agitées que la colonne établit son bivouac au Douar-bou-Kachouch, alors que la base des montagnes enfin silencieuses s'estompe déjà dans la nuit. Mais une lueur toute proche apparaît et grandit ; des flammes s'élèvent, chassant une fumée noire dont les volutes épaisses s'illuminent de reflets rouges ; des ombres s'agitent et passent, brandissant des torches dont les éclipses rapides précèdent les éclats de nouveaux foyers. Un brasier immense éclaire maintenant tout le camp et paraît être une revanche de Cherarda qui tenteraient d'anéantir les troupes en les enfermant dans l'in-

cendie des moissons. Mais l'explication n'est pas
aussi dramatique : les goumiers de la Chaouïa
vengent leurs morts en brûlant un village
abandonné.

« Ce sont des sauvages, affirme un soldat ;
il y avait bien dans les maisons une ration de
bois pour toute la colonne, et nous en aurions
grand besoin. » Mais, ô surprise ! la corvée de
vivres apporte une grosse bûche par escouade et
aussi, folles largesses, un paquet de tabac ou
deux paquets de cigarettes par homme ! On
ne s'attarde pas à supputer le « moins-perçu »
de la ration ; les feux des cuisines brillent, l'eau
chante dans les marmites, les pipes s'allument,
les privations et les fatigues sont oubliées. Très
tard dans la nuit, assis autour des braises discrètes, les soldats rêvent aux étoiles ou commentent doucement les péripéties du combat.

En n'attaquant pas la colonne dès le point
du jour, les Cherarda avaient commis une
grosse faute. Unis aux Beni Mtir qui offraient
leur alliance, ils devaient la renouveler le lendemain, où nos troupes allaient se heurter au ban
et à l'arrière-ban des guerriers de la montagne.
Mais elles étaient déjà préparées par les deux

journées précédentes à toutes les difficultés de la guerre en pays marocain. Sans mépriser l'adversaire, chefs et soldats ne le jugaient pas réellement dangereux ; la crainte de paraître avoir peur n'existait même plus chez nos novices du coup de feu. Tous savaient que l'artillerie exerçait à grande distance une influence démoralisante sur l'ennemi, dont elle brisait l'élan ; que nos cavaliers bien conduits, alertes et souples, s'ils n'étaient pas assez nombreux pour tenter des charges épiques, accomplissaient à merveille leur rôle d'éclaireurs. Les conducteurs du troupeau, les chameliers eux-mêmes s'étaient habitués à marcher en bon ordre. Parfois, un chameau lunatique ou mal chargé bramait obstinément et refusait d'avancer ; son « sokkras » l'écartait aussitôt de la route pour ne pas gêner la marche du convoi, le forçait à s'agenouiller en lui serrant le genou avec une corde et, tandis que la bête râlait de rage, rétablissait l'équilibre de la charge en un tour de main.

La colonne tout entière avait quitté, dès l'aurore, le bivouac de Bou-Kachouch, et cheminait paisiblement dans l'air frais du matin. Quelques reporters de journaux, vêtus de tenues fantaisistes, le marquis de Segonzac qu'on se montrait au passage, quelques fournisseurs qui avaient obtenu l'autorisation de donner à leurs caravanes la protection du convoi, marchaient avec l'avant-garde, et cet empressement semblait de bon augure. Dans les rangs, des soldats gouailleurs y voyaient la promesse d'une étape pacifique ; mais d'autres, qui avaient admiré en Chine l'audace des correspondants militaires pronostiquaient l'imminence d'un combat sérieux. Cette prédiction allait bientôt se réaliser.

Après avoir traversé un plateau nu et désert, où les champs faisaient des taches vertes et jaunes, la route longe les pentes septentrionales des contreforts du Djebel Zerhoun, pour entrer dans la vallée encaissée qui sépare ce massif du Djebel Gepsa. Et tandis que le versant exposé au midi montre ses ravins tourmentés, ses croupes capricieuses que les moissons déjà mûres couvrent de cette teinte jaunâtre dont les regards sont excédés, soudain, en face, un tournant de la route fait découvrir un pays tout nouveau. Pour la première fois depuis El Kounitra, des bouquets de bois, puis une sombre forêt d'oliviers reposent la vue obsédée par les blés, les orges et les fleurs. Sur les flancs du Djebel Zerhoun, depuis la ligne de faîte jusqu'au pied du massif, des villages s'étagent, dorés par le soleil, dominés par des minarets, entourés de jardins. Des torrents tombent en cascades qui laissent voir leurs rubans blancs à travers les feuillages épais. Mais ce n'est pas le moment de s'attarder dans la contemplation du paysage, et les âmes rêveuses sont vite rappelées à la réalité. Des estafettes courent, des spahis s'élancent ; un coup de canon fait rentrer sous bois un essaim de cavaliers ennemis, sans doute placés là pour surveiller la colonne et signaler son approche aux guerriers qui se rassemblent au delà d'un col dont le profil peu élevé ferme l'horizon.

La dislocation des troupes de protection et de manœuvre s'effectue aussitôt. Les flancs-gardes s'éloignent à gauche vers les crêtes qui dominent la route ; à droite, elles se rapprochent de la lisière des bois, où elles ne doivent pas pénétrer. En avant, l'artillerie, les mitrailleuses garnissent le col à temps pour troubler l'offensive des Marocains, favorisée par des ondulations de terrain perpendiculaires à la route et

qui leur permettaient de s'approcher à couvert.
On remarquait d'ailleurs, dans leurs mouvements, nos procédés d'infiltration par hommes
isolés et par petits groupes, dont ils devaient la
connaissance aux anciens soldats des tabors et de
la mehalla du Sultan, qui, partisans résolus
des rebelles, avaient déserté avec armes et bagages pour apporter leur science militaire toute
fraîche aux sujets révoltés de Moulay-Hafid.

S'ils avaient eu le réveil plus matinal, Beni
Mtir et Cherarda auraient pu occuper avant nos
troupes le col de Nzala-Beni-Amar. Le déploie-
ment de l'avant-garde serait alors devenu difficile dans une étroite vallée bordée à droite par
une forêt, d'où les tireurs ennemis auraient
gêné la colonne et son convoi ; le choix des
positions d'artillerie était restreint et malaisé ;
on était obligé d'enlever la lisière et d'engager
un combat sous bois qui retardait la marche et
pouvait causer des pertes graves. Donc, cette
fois encore, la chance était pour nous.

Dans l'affaire du 25 mai, les canons eurent
un rôle prépondérant. Leurs obus éclatant
au-dessus des crêtes, fouillant le fond des vallées, arrêtèrent brusquement la tardive tenta-

tive des guerriers dont les chevaux tourbillon-
naient affolés, tandis que les fantassins cherchaient précipitamment un refuge dans la forêt.
En vain, quelques chefs, qu'à leurs habits kaki
on devinait être les déserteurs des troupes impériales formées à notre école, essayaient de les
pousser en avant dans les moissons très hautes
qui pouvaient masquer leur approche. Le
souffle, la fumée, le bruit des shrapnells, la
pluie de mitraille, l'arrosage des mitrailleuses
fièrement installées près des canons, terrifiaient
les Marocains qui voyaient dans ce terrain,
accidenté mais découvert, une zone de mort impossible à franchir. Sourds aux exhortations,
dès qu'ils arrivaient au bas du chemin rocailleux reliant les villages de la montagne à la
route de la vallée, ils se dérobaient et gagnaient
les bois. On les voyait se défiler d'arbre en
arbre, progresser avec rapidité dans la direction
du convoi, pour se joindre aux guerriers des-
cendus de Nzala-Beni-Amar dont les deux
groupes de maisons, perchés à l'origine d'un
profond ravin qui ouvrait une large entaille dans
la montagne, devaient leur paraître hors de
l'atteinte des représailles. Les compagnies de

flanc-garde s'opposaient de leur mieux, par un feu violent, à cette infiltration qui pouvait avoir de fâcheux résultats. Mais, avec une louable obstination, indifférents au sort de leurs morts et de leurs blessés que l'on voyait s'égrener sur la lisière de la forêt, Cherarda et Beni Mtir avançaient toujours.

Sur la gauche, un parti assez nombreux profitait d'un profond couloir invisible de la route et de la crête élevée où se profilait une compagnie de tirailleurs algériens, trop éloignée pour apercevoir et déjouer cette manœuvre dont le succès aurait placé les Marocains dans une position dangereuse pour le convoi. Une compagnie de marsouins, envoyée à mi-distance pour établir la liaison, éventait ce nouveau projet de l'ennemi qu'elle repoussait après un bref engagement.

Cependant, sans être critique, la situation ne pouvait se prolonger. Depuis deux heures, la colonne était immobilisée; l'audace des assaillants augmentait; la forêt fourmillait de guerriers que les détonations d'artillerie faisaient sortir de leurs lointains douars pour courir à la bataille. Il fallait arrêter promptement l'offen-

sive de l'adversaire, en lui montrant que nous
avions encore en réserve de puissants moyens
d'action. Sur l'ordre du colonel, les canons,
dont les boucliers étaient martelés par les
balles, sont braqués vers les maisons de Nzala.
Bientôt les obus à la mélinite font leur œuvre.
A travers les épais nuages de fumée noire qui
marquent l'éclatement des obus, on voit les terrasses, les pans de mur voler en éclats. Les
Cherarda et les Beni Mtir avaient cru le village
inviolable ; ils n'avaient jamais supposé notre
artillerie douée d'une telle puissance de destruction. Et, sans attendre l'anéantissement
complet du village, ils abandonnent la lutte et
s'enfuient en poussant des cris éperdus : la
route était libre.

Quelques kilomètres plus loin, au passage
d'un nouveau col, où les éléments étagés de la
colonne formaient pendant l'ascension un objectif séduisant, les habitants des villages situés
sur les derniers éperons orientaux du Djebel
Zerhoun tentaient un retour offensif. Ils croyaient
sans doute qu'une distance plus grande rendait
leurs maisons plus invulnérables ; mais ils
furent promptement désillusionnés. Poursuïvis

à leur tour par les balles et les obus, ils regagnaient en désordre leurs hauteurs. Un renfort inattendu que recevait le colonel Gouraud leur avait d'ailleurs démontré l'opportunité de cette prudente résolution.

Le général Dalbiez venait d'arriver avec un bataillon mixte de légionnaires et de zouaves, un bataillon de tirailleurs algériens, un bataillon de marsouins, des goumiers, une batterie de 65. Le général Moinier connaissait les dispositions hostiles des Beni Mtir qui battaient la plaine de Fez, et les rencontres du 22 et du 24 mai ; il avait jugé prudent d'expédier du secours à la colonne de ravitaillement qui, près de terminer sa mission, pouvait se trouver exposée à de graves dangers.

Les pertes de la journée étaient légères, grâce à l'éloignement que les dispositions tactiques de nos troupes avaient imposé à l'ennemi. Quelques balles perdues avaient cependant fait des victimes dans les fractions que leur rôle et leur emplacement semblaient mettre à l'abri. Ainsi, un blessé que l'on transportait sur un cacolet jusqu'à la voiture d'ambulance était tué au moment précis de son transbordement dans le vé-

hicule. Le convoi était indemne, et le commandant de la colonne dut en éprouver une satisfaction sans mélange, car sa jonction avec le
général Dalbiez lui garantissait, pour la dernière étape, une absolue tranquillité.

La traversée de l'oued Miqquès sur un beau

Le pont de l'oued Miqquès.

pont en briques, datant du grand siècle arabe,
s'effectua sans incident. Tandis que la colonne
Dalbiez établissait son bivouac sur la rive droite
du torrent, au débouché du pont, la colonne
Gouraud alla s'installer non loin de là, sur le
plateau rocailleux de Nzalet-el-Oudaïa. Quelques misérables cases abandonnées firent les
frais d'une illumination aussi brillante que
celle de la veille, allumée cette fois encore par

les goumiers dont le dressage militaire n'avait pas réprimé les instincts pillards. Et pendant que tous, officiers et soldats se félicitaient d'arriver le lendemain au terme provisoire de leurs fatigues, un orage aussi violent qu'imprévu se préparait dans le ciel serein. Bientôt, le vent qui souffle en tempête bouscule les tentes, emporte les toiles ; une averse diluvienne éteint les feux des cuisines, noie les denrées de la distribution, transforme le bivouac en marais boueux. Cet orage, insolite dans une saison sèche bien établie, n'était pas une rare anomalie ou le signe de la colère d'Allah. Dans la journée, l'artillerie avait tiré environ 250 coups de canon ; et l'ébranlement des couches atmosphériques dans l'étroite vallée où la colonne avait combattu suffisait pour expliquer le phénomène.

Mais l'orage s'est apaisé. La lune brille maintenant dans un ciel sans nuages, les troupes dorment d'un sommeil lourd. Seuls, les sentinelles et les petits postes, qui veillent en grelottant dans la fraîcheur de la nuit, attendent une attaque improbable de l'ennemi. A l'aube, le clairon soupire un appel monotone et lent : les notes gaies du « réveil en campagne » sont proscrites par les nouveaux règlements, et le « coup de langue » a remplacé les motifs alertes que les troupiers accompagnaient de refrains gaulois. Le camp grouille de chameaux que l'on désentrave, de chevaux qu'on attelle, d'hommes qui abattent les tentes, cherchent en grommelant des objets introuvables et se rassemblent lentement. Puis, sur la route indécise, les troupes s'échelonnent, et s'éloignent dans la direction de Fez.

Les blessés de la veille, trop nombreux pour les deux voitures d'ambulance, gémissent sur les cacolets que des mulets au pas chancelant secouent avec indifférence. Pliant sous la charge de leur engin encombrant et lourd, et des deux hommes que les mouches et les cahots tourmentent, chaque animal tour à tour se couche et refuse d'avancer. Les blessés hurlent, les conducteurs tempêtent; par la douceur ou la violence, ils forcent à se relever leurs bêtes dont les fardeaux vivants partagent le douloureux calvaire. Fréquemment, l'ambulance s'arrête; le médecin vérifie les arrimages, fait reposer un animal de bât, soutient les blessés par des piqûres de morphine, et ces soins indispensables causent dans la marche de la colonne des à-coups fatigants.

Mais, par une pente insensible, on sort de la région accidentée de Bou-Zeloub et l'on arrive dans la plaine immense qui s'étend vers le Sud jusqu'aux montagnes de Bahlil. La proximité de Fez se devine à l'élargissement de la piste des caravanes qui mord les champs voisins, aux cadavres de plus en plus nombreux de chevaux et de chameaux que la colonne de secours a semés sur le chemin. Et les troupes du colonel Gouraud semblent, de même, à bout de forces. Les hommes, épuisés par la privation de sommeil, les départs dans la nuit, la longueur des marches, l'insuffisance de la nourriture, les diarrhées persistantes qu'ils ont puisées dans les mares et les ruisseaux, par la poussière épaisse que le vent d'Ouest ramène sur eux, s'efforcent de faire bonne contenance et de marcher allègrement. Mais les heures succèdent aux heures. Fez, le but suprême et l'étape si désirée, reste toujours caché derrière les pentes du Djebel Trat ; la plaine est déserte et la route s'allonge sans fin. Les visages disparaissent sous un masque de poussière gluante où la sueur trace

des sillons sales ; les épaules se courbent, les
têtes s'abaissent, et les chefs de section, comme
de bons chiens de berger, oublient leur propre
épuisement pour stimuler les traînards qui commencent à s'égrener.

Vers une heure de l'après-midi, un frémissement court de l'avant-garde jusqu'à l'arrière-
garde. Fez est en vue. Les tentes blanches de
la mehalla chérifienne bordent ses murailles
sombres que dominent d'innombrables minarets, des maisons blanches, les toitures vertes
des palais du Sultan, les épais ombrages des
jardins. Les montagnes jaunes et violettes, les
noires forêts d'oliviers, la lumière intense, font
à cette ville presque fabuleuse un décor de rêve.
Mais l'atmosphère est si transparente que,
après chaque halte horaire, la distance paraît
toujours aussi grande. Et les troupes marchent
toujours, dans une torpeur lourde, d'où la curiosité enfin satisfaite ne peut les faire sortir.

Soudain, un officier affairé passe au galop
de son cheval et jette un avis essouflé : « Le
général Moinier est venu au-devant de la colonne et la regarde défiler. » Aussitôt les têtes
se redressent, les jarrets se tendent, les pas ca-

dencés martèlent le sol. Sans ordres, par un souvenir machinal des anciens honneurs abolis, les bretelles de fusil s'ajustent, les armes se placent aux épaules, une joie orgueilleuse brille dans les regards. Et plus loin, la colonie européenne de Fez, où se remarque plus d'une femme qu'on devine élégante et jolie sous le flottement soyeux de ses voiles arabes, admire à son tour

La Kasbah de Dar Debibagh.

les troupes dont les figures hâves disent les privations, dont l'allure fière explique les exploits.

Mais la colonne Gouraud se dirige vers les emplacements de bivouacs qui lui sont réservés, à trois kilomètres de la ville, près de la résidence d'été du Sultan. Elle longe le mur élevé de l'Aguedal, traverse le pont de l'oued Fez et passe devant le camp des colonnes Brulard et Dalbiez qui bordent la route de Dar Debibagh. Des appels joyeux se croisent, des interrogations et des bienvenues s'échangent. Les premiers arrivés crient leurs impressions aux nouveaux venus qui, peu à peu, les écoutent à peine, car la réaction nerveuse se produit, la fatigue reprend ses droits et le désir maladif du repos supprime toute autre préoccupation.

On arrive enfin : « Les troupes campèrent à 1 500 mètres de la ville, dans les jardins de *Dar Debibagh* dont le palais sert de résidence au général Moinier. Ces jardins, arrosés de nombreux canaux, sont le plus agréable séjour qui pût être offert aux troupes fatiguées ». Mais cette alléchante description, qu'on pouvait lire dans *le Temps* du 27 mai, ne correspondait pas à la réalité. Les jardins du Sultan sont réservés aux officiers, plantons et cuisiniers des états-majors ; leur accès est rigoureusement interdit aux simples combattants. Et sur un plateau caillouteux, sans herbe et sans arbres, où le vent soulève des tourbillons de poussière tenace et rougeâtre, où 1 700 chameaux, 500 chevaux et mulets accumuleront leurs immondices au milieu des troupes, la colonne Gouraud va s'installer.

Fez vu des tombeaux des Beni Mérin.

III

FEZ ET MEKNÈS

Au camp de Debibagh. — Promenade à Fez. — Les méfaits de
« l'avancite ». — La surprise de nuit du 5 juin. — La « bataille »
de Bahlil. — En route vers Meknès. — Le combat de
Meknès. — Moulay-Zin. — Paysages de retour : Moulay-Idris
et le camp Petitjean. — L'arrivée du courrier de France. —
Un « five o'clock water » chez le Sultan.

L'arrivée de la colonne Gouraud portait à
près de 8.000 hommes, l'effectif des troupes
envoyées à Fez par la France. Autour des
camps, les mercantis juifs pullulaient. Leurs
paniers remplis d'oranges, de pains d'orge, de

7

figues et de raisins secs excitaient les convoitises aiguisées par trois semaines de privations. La loi de l'offre et de la demande prési-
dait aux transactions : « Combien ce pain
d'orge ? — 10 sous. — Un kilo de pommes de
terre ? — 36 sous ! — Tu es un voleur ! » Mais
un vibrant : « J'aime les Français, vive la Répu-
blique ! » ponctuait les prétentions et faisait
taire les récriminations et les injures de l'ache-
teur naïf et charmé. Quelques commerçants
venus de Tanger, dressaient leurs tentes bour-
rées de marchandises que se disputaient les
caporaux d'ordinaire et les popotes d'officiers. Des femmes aux noms bibliques promenaient autour des tranchées leurs costumes aux
couleurs vives, et leurs complaisances de Judiths
débonnaires augmentaient leurs bénéfices avoua-
bles de blanchisseuses d'occasion. Des jeunes gens
aux vêtements propres, à la chevelure soignée,
offraient des cartes postales et leurs services de
guides avertis. Leur empressement, leur expérience et leur connaissance du français étaient
d'ailleurs nécessaires pour la visite d'une ville
dont les cartes les mieux faites ne parviennent
pas à débrouiller le labyrinthe déconcertant.

Isolément ou par groupes sympathiques, revolver à la ceinture, les officiers couraient vers
Fez, croisant les corvées d'ordinaire, dont les
arrabas grinçantes et les mulets de bât soulevaient des flots de poussière malodorante. Deux
voies principales se présentent : l'une longe le
vieux Méchouar pour aboutir à la porte Bag-
Segma, d'où l'on pouvait encore voir, au milieu
des tentes de la mehalla, la « frague » impériale dressée comme pour un départ guerrier ;
l'autre traverse les jardins du Sultan, le ravin
de l'Oued Fez et monte vers le Bab-Jiaf. Les
spectacles de la route s'y déroulent identiques. Ce
sont des caïds montés sur des mules dociles ou
des chevaux fringants caparaçonnés de rouge,
escortés de serviteurs méprisants qui toisent au
passage les officiers et sous-officiers que leur
grade ou leur arme condamnent à circuler à pied
comme les esclaves et les manants ; ce sont des
propriétaires cossus, des cultivateurs aisés qui
passent à l'amble de leurs montures, le regard
vague, la mâchoire contractée, la physionomie
énigmatique et dure, et leur indifférence semble
pire qu'un outrage. Quelques-uns, cependant,
sans doute venus de loin, considèrent avec

estime les guerriers qui ont été plus forts que
les tribus, et les saluent avec une inclination de
tête, la main sur le cœur, en proférant le
« Salam aleikoum » traditionnel. Des paysans,
suivis de femmes sales et voilées, poussent
leurs petits ânes chargés d'énormes paniers
qu'ils vont vider dans les échoppes de la ville.
Dans les bois impériaux, ouverts à tout venant,
mais dont les consignes interdisent l'accès
aux militaires qui pourraient y trouver du
combustible, les bûcherons improvisés coupent impunément arbres et branchages, que des
accapareurs juifs vont revendre fort cher à
l'intendance. Au pied des remparts, des cha-
pelets de chameaux et de chevaux morts pour-
rissent en paix, protégés par l'incurie et le
fatalisme musulmans.

Dans la ville juive, le Fez-Jedid, comme
dans la ville arabe, le Fez-Bahlil, le soleil éclatant sème les paillettes d'or de l'illusion sur
les ruines lépreuses, les parures défraîchies des
portes chancelantes et des remparts délabrés.
Devant les boutiques étroites comme des loget-
tes de *chettys* indiens, les soldats français, fusil
en bandoulière et casque en bataille, essaient la

vertu d'un sabir expressif et marchandent pantoufles brodées, poignards de pacotille, cartes postales, flacons d'essence de rose dont ils éblouiront, à leur retour, amis et parents. Les « Café du Commerce », les « Rendez-vous des Bons Enfants » hâtivement installés par des mercantis hétéroclites, poussent sur les trottoirs étroits et bosselés leurs tables boiteuses où s'attardent des « hommes de corvée » sans défiance contre l'ivresse

Une rue du mellah de Fez.

rapide versée par l'anisette indigène et les pernods frelatés. Des chameaux, des chevaux, des ânes, des charrettes s'enchevêtrent dans les ruelles sombres des « soukhs » recouverts d'une toiture de branchages, où les indigènes commentent les nouvelles politiques et les cours des marchés. Les marchands d'eau promènent leurs outres fraîches, leurs gobelets attrayants qu'annoncent leurs clochettes tintinnabulantes. Des bijoutiers cisèlent des parures barbares ; des forgerons préparent les faucilles pour les moissons imminentes ; des bouchers ambulants exhibent des viandes violacées, couvertes de mouches ; une clientèle affairée se presse autour des étalages, où les produits locaux voisinent avec la pacotille européenne. Ouvertes sur un carrefour, les postes

Juives de Fez.

française, allemande et espagnole semblent s'observer avec hostilité. Vers la kasbah de Bou-Jeloud, où, par-dessus les murs blancs et les masses de feuillages, apparaissent les toitures vertes du Trianon marocain, des chevaux impassibles et des serviteurs couchés à leur ombre attestent que leurs maîtres apprennent le prix de l'*aman* accordé par le Sultan, qui vient de retrouver une autorité précaire et discutée.

Dans la ville arabe, séparée du Mellah par les jardins de Bou-Jeloud, l'animation paraît moins grande que dans le Fez-Jedid. Des traverses de bois interdisent aux européens l'accès des mosquées inviolables. Cependant le sanctuaire de Sidi Mohammed Ben Jali ouvre sa porte finement sculptée sur une rue tranquille d'où les curieux peuvent admirer, dans le porche encombré de fidèles, six pendules différentes auxquelles un horloger, plus puissant que Charles-Quint, sait faire marquer la même heure. Des impasses mys-

Mosquée de Bou-Jeloud.

térieuses, propices aux vengeances anonymes, où s'enfoncent des ombres indécises, évoquent les toiles de Decamps et les descriptions de Loti. Puis, les rues dégringolent vers la rivière qu'enjambent des ponts antiques et trapus. Des aromes d'orangers, de rosiers en fleurs, chassent le parfum nauséabond des cloaques et des égouts. Par-dessus les murs percés de portes discrètes, les grands arbres des jardins lancent leurs voûtes d'ombre ; les chants des oiseaux, les clapotis des jets d'eau tombant dans les vasques de marbre, le bruissement des cascades, remplissent de charme et de fraîcheur les belles résidences du quartier aristocratique, celui des consulats, des riches marchands, des grands fonctionnaires du Maghzen. C'est dans ce quartier, inaccessible aux voitures, mais relativement sain et bien aéré, que l'autorité militaire doit, quelques semaines plus tard, installer notre hôpital.

Vue de l'extérieur, en se plaçant vers les tombeaux saccagés des Beni Merin, la capitale marocaine a grand air. Sur les dernières pentes du Djebel Zalar, ses maisons blanches et bleues moutonnent comme des vagues qui projettent en gouttes d'écume, les campaniles des minarets. Des éclairs brillent aux faïences vertes des résidences impériales et des mosquées. Un large fourré de jardins, de massifs de roseaux borde la rivière qui, de cascade en cascade, s'enfonce entre les montagnes pour aller se perdre dans l'Oued Sebou. Des forêts d'oliviers montent à l'assaut des versants de la vallée ; groupes ou bouquets, touffus dans les fonds, les arbres s'espacent vers la mi-côte, et leurs petites taches sombres s'égrènent comme essoufflées et sans forces pour atteindre les crêtes qui profilent leurs longues lignes jaunâtres dans l'azur du ciel. Sur des éperons étalés en plateaux, le bordj Nord et le bordj Sud, dont les vieux canons avaient suffi pour empêcher la révolte de la ville, qui pactisait avec les Beni Mtir, dressent leurs angles savants et leurs murs énormes, œuvre douloureuse des captifs européens razziés par les pirates barbaresques de jadis. Et vers le Sud par-dessus la ville, les jardins et la plaine doucement ondulés, le bois de Dar Debibagh estompe ses couleurs bleuâtres que dominent les tours et les remparts trapus de la résidence d'été du Sultan.

Le général en chef s'y est installé dans la salle de réception au plafond multicolore. Les faïences vertes et blanches du sol, les jets d'eau bruissant dans la cour dallée entretiennent une agréable fraîcheur dont les puces et autres parasites qui pullulent au Maroc, même dans les logis impériaux, empêchent de goûter en paix le charme reposant. Le service des subsistances l'ambulance et l'hôpital de campagne,

le Trésor et les Postes, le Génie, l'Artillerie,
la Justice Militaire encombrent les cours, les
passages voûtés, les chambres obscures, l'ancienne mosquée, recouvertes par l'indifférence arabe d'une épaisse couche de crasse
séculaire. Un poste de tirailleurs algériens garde
l'entrée d'honneur que ferme, pendant la nuit,
une lourde porte aux ferrures archaïques. Sous
les orangers des jardins intérieurs, près des
petits canaux où court une eau sale, des troupes
variées dressent leurs tentes, que bousculent
sans cesse des chameaux errants, des chevaux
échappés, des mulets malicieux. Les officiers
de l'Intendance importants et affairés, font
mettre en tas réguliers, d'après une classification
savante, les denrées apportées par le convoi
Gouraud. L'artillerie établit son parc, empile
ses caisses à munitions, qui sont encore en
nombre respectable, malgré la consommation
des derniers combats. Les médecins installent
leurs formations sanitaires, où ne manquent
guère que les médicaments, dans les apparte-
ments privés du Sultan. Les plantons, les
officiers d'ordonnance et d'état-major circulent
mystérieux, portant sous le bras de grosses

liasses lorgnées avec angoisse par les ambitieux qui, d'un air détaché, viennent aux nouvelles et soignent leur avancement.

Une crise aigüe d' « avancite » est en effet provoquée par le télégramme qui apporte au corps expéditionnaire, avec les félicitations du Gouvernement, les promesses de récompenses. La préparation des « mémoires de propositions » déchaîne des convoitises, fait éclore des intrigues qui seraient puériles et comiques si elles ne s'exerçaient souvent au détriment du mérite modeste et naïf. Tel qui a vu de loin quelques cavaliers ennemis, qui a cru entendre des sifflements de balles, profite de toutes les occasions pour exalter son « affaire » et critiquer les manœuvres d'un concurrent. Selon les circonstances, les pertes subies prouvent l'ignorance tactique ou l'intelligence militaire ; l'absence de « casse » est un signe indéniable d'adresse ou de timidité. Les incidents de combat sont déformés d'après des légendes que sèment des narrateurs mal informés, ou d'après les impressions hâtives de Zoïles importants et glorieux. Et ce sont des conversations habilement interrompues au passage des grands chefs qui n'en perçoivent

que la phrase empoisonnée lancée à propos ; des
sous-entendus gros de restrictions, susurrés
dans l'abandon des bavardages de popotes ; des
comparaisons où l'apparente impartialité du
camarade est le plomb qui fait le mieux couler
un rival. Sous l'insensible pression d'une opinion
publique dont les malins se font les échos, les
candidats gênants aux décorations comme à
l'avancement sentent le terrain fuir sous leurs
pas, devinent une suspicion sourdement hostile,
des sièges tout faits ; il s'effarent, tentent en vain
d'établir leurs titres et leurs droits, et leurs juges
ne voient dans leurs efforts qu'envie et vanité.

Dans un livre que le public militaire apprécie
encore comme un modèle d'observation fine et
mordante, l'auteur de *Au Tableau* avait disséqué
l'état d'âme en temps de paix des victimes de
« l'ambitionite » dont les cartons du Ministère
gardent imparfaitement les secrets. Mais cette
peinture si fidèle ne serait qu'une aquarelle
maniérée auprès de la fresque impressionniste
dont les arrivistes des « expéditions lointaines »
formeraient les personnages. Et l'ambitieux servile, l'ambitieux enjoué, l'ambitieux menaçant
attendent encore leur Buffon.

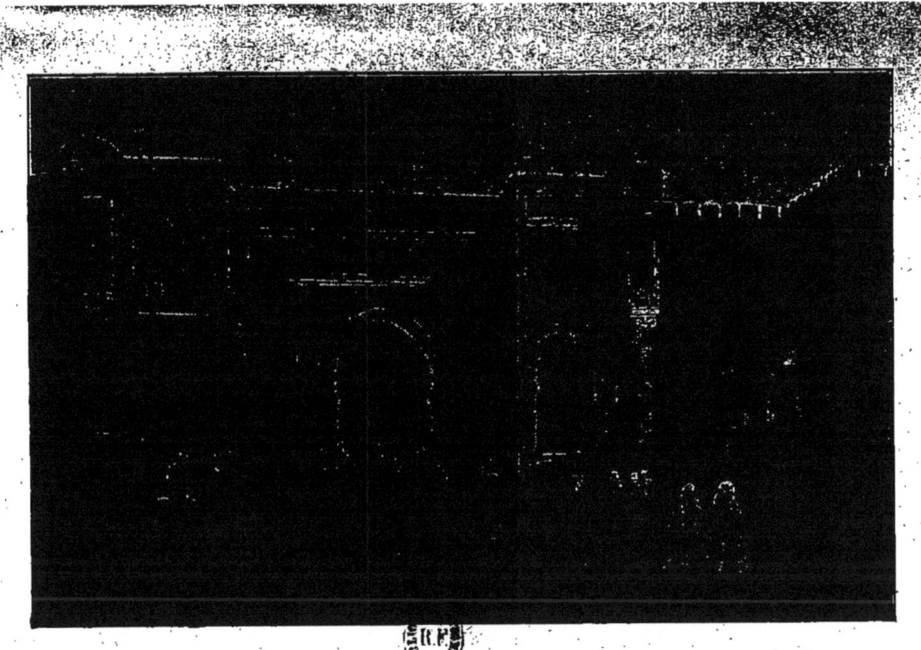

Porte de Dar-el-Maghzen.

Cependant la confection du « travail d'avancement » n'absorbait pas toute l'activité du général
en chef et de son état-major. La mission libé-
ratrice du corps expéditionnaire n'était pas
terminée. Malgré la disgrâce d'El Glaoui, la
grande tribu des Mtir tenait la campagne,
menaçait nos bivouacs et coupait les communications de la capitale avec les districts voisins ;
à Meknès, Moulay-Zin, frère du Sultan et prétendant malgré lui, servait de drapeau à tous les
patriotes et tous les mécontents. Il fallait donc
courir sus aux Beni Mtir pour les contraindre
à demander l'*aman*, et supprimer le Maghzen
insurrectionnel qui centralisait toutes les intrigues et toutes les haines coalisées contre Moulay
Hafid. Afin de conserver nos troupes en haleine
et maintenir intact leur entraînement pour
les prochaines opérations qu'il méditait, le
général en chef expédia la colonne Dalbiez,
renforcée par les éléments disponibles des
colonnes Brulard et Gouraud, vers le massif
du Zerhoun, pour châtier les villages qui
avaient assailli le convoi de ravitaillement ; une
forte reconnaissance était en outre dirigée vers
Bahlil où l'on supposait les Beni Mtir solide-

ment installés. Les pertes subies et les renseignements recueillis dans ces deux démonstrations firent savoir que le rétablissement de l'autorité du Sultan ne s'accomplirait pas sans résistance. Mais tandis que les rebelles s'organisaient en prévision de combats imminents, il manquait à l'action française, politique et militaire, l'unité de vue et de direction qui, seule, aurait permis de résoudre promptement le problème marocain. Ministres indigènes, consul de France, général en chef, instructeur suprême des méhallas chérifiennes n'arrivaient pas à se mettre d'accord sur le but et sur les moyens. Pendant ce temps, l'exagération indigène transformait en échec, le résultat de l'opération de police exécutée par le général Dalbiez, où le médecin-major Auvert avait trouvé la mort en relevant des blessés. Nos troupes venaient de rentrer à Dar-Debibagh sans avoir pu, disait-on, atteindre Meknès, dont la résistance des tribus leur avait interdit l'approche. L'orgueil et l'audace des Beni Mtir s'exaltaient de ce triomphe imaginaire. A dix kilomètres à la ronde autour de Fez, ils incendiaient les moissons, pillaient les villages et les douars loyalistes que notre arrivée avait repeuplés. Chaque nuit, un cercle de flammes illuminait l'horizon, et les chiens à demi sauvages faisaient des ripailles bruyantes dans les cendres des maisons et les champs où pourrissaient des cadavres d'hommes et d'animaux. On pouvait supposer que les guerriers, enhardis par notre inaction, feraient contre nos bivouacs, dont ils ignoraient le système de protection, quelque tentative retentissante. Ils eurent en effet cette fantaisie, qui leur coûta cher.

Installation au bivouac.

Le départ des troupes pour la deuxième partie de la campagne était fixé au 5 juin, à trois heures et demie du matin. Couchés sous leurs petites tentes alignées à deux mètres des tranchées qui les entouraient, nos soldats ne s'attendaient pas au réveil que l'astuce des Beni Mtir leur préparait. Les sentinelles écoutaient, à 5o mètres des tranchées, les bruits mystérieux de la nuit. Les officiers de quart se succédaient d'heure en heure, prêts, en cas d'alerte, à toutes les responsabilités. Le souvenir des attaques de Dar-ben-Arousi, d'El Kounitra, de Lalla Ito stimulait les vigilances et rendait très aléatoires les résultats de la surprise la mieux combinée.

Le général en chef, les commandants des colonnes, et les principaux dans leurs états-majors venaient de rentrer au camp, après avoir passé la soirée chez le sultan. Sur la route déserte, leur cavalcade n'avait fait aucune rencontre suspecte. Rien ne semblait donc devoir troubler un sommeil trop court, et vers lequel ils se hâtaient. Mais un émissaire attendait, porteur d'un renseignement sensationnel et précis. A deux kilomètres à peine de nos tentes, dans le Sud, des Beni Mtir par centaines se préparaient secrètement à livrer un assaut brusqué, vers une heure du matin. L'émissaire jouait sa tête, mais la récompense qu'il espérait lui semblait plus désirable que la vie. Le sac lourdement lesté de douros, il disparut dans la nuit et les commandants des trois camps donnèrent hâtivement leurs ordres pour conjurer le péril.

Par sa situation, le bivouac du bataillon parisien de la colonne Gouraud devait supporter le premier effort des assaillants. Cette troupe, renforcée d'une batterie de bigors, était restée isolée, hors de la kasbah de Dar-Debibagh, pendant les opérations du Zerhoun. Pour augmenter en cas d'attaque ses moyens de résistance, le capitaine d'artillerie, d'accord avec le chef de bataillon, avait imaginé de faire concourir son matériel à la défense immédiate des abords, et deux canons de 75 béaient par-dessus la tranchée la plus exposée. Cette précaution, dont le colonel à son retour approuva la sagesse, fut peut-être la cause de notre invulnérabilité.

Dès que parvient au bivouac l'avis de l'alerte imminente, les artilleurs sont envoyés sans bruit à leur poste de combat. Canons et caissons en batterie, cachés par les boucliers, officiers et servants veillent en silence, tandis que les fantassins dorment en paix sous leurs toiles. Les hurlements des chiens prennent, dans le lointain, des tonalités lugubres ; des rondes passent comme des ombres, et vérifient la vigilance des sentinelles et du poste spécial. Les heures s'écou-

lent, lentes, marquées par la course insensible
des étoiles qui fulgurent au fond du ciel noir.
Un chameau gémit ; un cheval s'ébroue, tente
de s'échapper ; un garde d'écurie, à demi
réveillé, l'apaise avec un juron. Effet de sug-
gestion ou mystérieuse anxiété de la nature, le
calme de la nuit est angoissant, les souffles
confus de la plaine endormie semblent les précurseurs de la Mort qui va passer. A voix basse,
l'officier de quart et son camarade *bigor* échangent leurs impressions, discutent des hypothèses
en scrutant l'horizon rétréci, presque palpable,
qui protège les mouvements d'un ennemi silen-
cieux. Soudain, un cri retentit, tout proche :
« Halte-là ! » clame une sentinelle. En réponse,
des éclairs trouent la nuit des coups de fusil
éclatent, crépitent comme la grêle. L'appel
« Aux armes ! » se propage de tente en tente
comme un écho sinistre. Le canon tonne aussitôt ; sa flamme jaunâtre projette une lueur
livide que double l'éclatement de l'obus débouché à zéro, et démasque une longue file de tireurs
vêtus de burnous blancs. Surpris par cette
riposte inattendue et brutale, ils se sont arrêtés
à 40 mètres des tranchées, s'aplatissent der-

rière une petite levée de terre, et tirent précipitamment, sans viser, mais au ras du sol pour atteindre, avec les animaux parqués dans le camp, les tentes des officiers et des sous-officiers qui se hâtent vers leurs postes de combat.

L'effet du canon a été prodigieux. Les marsouins jaillissent hors des tentes, comme les morts du Jugement dernier sortiront de leurs tombeaux. Trébuchant dans les « cordeaux de tirage » d'où ils se dépêtrent en jurant, fusil en main, baïonnette menaçante, prêts au corps à corps, ils bondissent dans la tranchée, assez calmes pour ne pas tirer sans le commandement de leurs chefs. Et les ordres se font entendre, proférés par des voix impérieuses qui dominent le crépitement de la fusillade ennemie, le ronflement aigu des ricochets, le tumulte des chevaux et des mulets effarés qui s'agitent et s'efforcent de s'enfuir. Les pièces de 75, vaillamment servies, couvrent de leur basse éclatante ce chœur confus et bruyant. Près des marsouins, les tirailleurs algériens occupent en même temps les tranchées, et tracent devant les assaillants immobiles une infranchissable ligne de feu. Et,

brusquement, tout s'apaise ; les balles ne sif-
flent plus ; les courts éclairs qui semblaient sortir de terre s'éteignent ; les voix se taisent ; le
canon à son tour est muet. L'ennemi s'éloigne
à pas veloutés dans la nuit, aussi mystérieuse-
ment qu'il est venu. Frémissants, artilleurs et
fantassins attendent encore, immobiles dans
leurs abris, un nouvel assaut. Puis, à voix
basse, on fait l'appel. Et le commandant de la
compagnie qui vient de subir cette chaude alerte,
entend avec joie la traditionnelle formule : « Mon
capitaine, il ne manque personne ! » Par une
chance extraordinaire, sentinelles, poste spécial,
ont pu se glisser entre les innombrables projectiles amis et ennemis, et rentrer sans dommage dans le camp. Seuls, un marsouin et
trois tirailleurs légèrement atteints, quelques
chevaux et mulets blessés attestent que cet
épisode fiévreusement vécu n'est pas un cauchemar.

Le combat n'a duré que quelques minutes ;
mais quand le calme s'établit, quand les dispositions sont prises contre un retour offensif,
l'heure du réveil prévue par les ordres de la
veille va être sonnée par les clairons. Le général

en chef ne veut pas mettre ses troupes en
marche dans une obscurité pleine d'embûches ;
il décide d'attendre le jour pour le départ, et
chacun rentre sous sa tente pour y chercher les
restes d'un illusoire sommeil.

Les vagues contours des arbres vers l'Orient
s'estompent à peine dans l'aube indécise, qu'une
alerte nouvelle arme les mains fiévreuses, et
garnit de soldats les tranchées sur la face naguère
menacée. Un coup de fusil a retenti, prélude
peut-être involontaire d'une imminente bordée
de projectiles. Mais les artilleurs n'ont pas bron-
ché ; à leur exemple, les marsouins se calment,
et leurs chefs scrutent la grisaille de l'horizon
voisin. Un souffle se propage et chuchote : « Ils
sont là ! — Qui, ils ? les *Teurs* ? — Non, mon
capitaine ; les Marocains ! » Et, vraiment, dans
les vestiges d'une maison en ruines à qui les
obus portèrent les derniers coups de grâce, on
croit voir des ombres qui s'agitent sans bruit,
pour une besogne bientôt devinée. Ce sont les
ennemis qui, à la faveur de l'ombre propice et
du sommeil de nos bivouacs, viennent, avant le
jour, chercher leurs morts. Et la fusillade
reprend soudain, au commandement d'un offi-

cier, sans but précis, mais non sans effet. Nulle riposte de l'adversaire qui n'a plus, semble-t-il, d'intentions belliqueuses, car le mystère et la célérité sont indispensables au succès de sa funèbre tentative ; mais, aussitôt, les ombres ont disparu. Et, dans la tranchée maintenant silencieuse, chacun attend avec impatience la clarté de l'aurore prochaine qui va dissiper l'énigme de cette angoissante nuit.

Elle paraît enfin. Dans la fraîcheur du matin nouveau, les champs, les talus verdoyants des *séguias*, le lointain bosquet de peupliers où se prépara l'attaque, se dégagent peu à peu de la brume que va dissiper le soleil levant. On y voit ! Tandis que les troupes, désormais sans inquiétude, activent leurs préparatifs de départ, quelques patrouilles sortent du camp et vont examiner le terrain du combat.

Le danger avait été grand. A quarante mètres environ de la tranchée, de nombreux étuis de cartouches, des taches de sang témoignent de l'audace des assaillants. Puis, à cent mètres en arrière, tombés face à nos troupes, neuf cadavres s'échelonnent sur le sentier et dans les champs voisins. Leur présence prouve que les Beni

Mtir, gênés par notre feu dans leur recherche des victimes, n'ont pu accomplir entièrement leur projet. Les morts qui restent, misérablement vêtus, ont dû être de pauvres hères, sans serviteurs et sans amis pour emporter leurs corps. L'un d'eux, sous le souffle de l'obus, a les jambes retournées en manches de veste ; la tête d'un autre est coupée en deux par un éclat, et la boîte cranienne, proprement déposée sur le sol à deux mètres de distance, est vidée en deux, comme une mangue par la cuiller d'un gourmet ; un troisième, la poitrine traversée, mais respirant encore, fait le mort pour éviter les mutilations dont il nous suppose coutumiers.

Dans leur fuite précipitée, leurs voisins n'ont pu sauver toutes les armes : fusils et coutelas, sacoches et cartouches sont les trophées enviés que se partagent les premiers arrivants. Un fusil Gras avec sa baïonnette accuse malheureusement, chez les Français eux-mêmes, les pratiques d'un mercantilisme sans frein.

Quelques théoriciens de la guerre européenne blâmeront peut-être la passivité de la résistance et regretteront qu'une contre-attaque vigoureuse

n'ait pas lancé à propos nos soldats hors des
tranchées. Des officiers qui n'avaient jamais
quitté la France avant cette campagne, s'éton-
naient même de la faible portée du service de
sûreté. Les échelons successifs prévus par le
règlement métropolitain auraient mieux éventé
de loin, disent-ils, l'approche de l'ennemi. Sans
doute, sur le papier, comme sur les terrains
d'Europe où les cultures, les barrières, les fossés imposent le plus souvent, pendant la nuit,
l'usage exclusif des routes et des chemins, où
les assaillants sont trahis par le bruit de leurs
pas, où les blessés sont sacrés, une troupe en
station dans un pays ennemi doit avoir réserve
d'avant-postes, grand'gardes, petits postes et
sentinelles ; mais il n'en peut être de même au
Maroc et dans la plupart des contrées africaines.
A travers l'espace qui s'étend sans obstacles
autour des bivouacs, la menace est partout,
l'attaque est attendue de toutes parts. Les pieds
nus des adversaires glissent doucement sur le
sable ou les herbes ; les sentinelles surprises
sont mutilées, les prisonniers sont torturés ; en
cas d'échec, les assaillants se dispersent en
petits groupes sans liaison. Si l'on songe en

outre que les Marocains ignorent l'emploi de
l'arme blanche, qu'ils la redoutent à l'extrême,
que leurs attaques n'ont d'autre but que le pillage à la faveur du désordre causé par leurs
coups de fusil, qu'une offensive se perdrait dans
le vide et la nuit, on doit approuver la sagesse
des dispositifs de sûreté africains qui sont consacrés par l'expérience. Autour du camp, une
petite tranchée, creusée avec les outils portatifs,
quelles que soient l'heure d'arrivée à l'étape et
la fatigue des soldats, donne un abri suffisant
contre les balles ; à 5o mètres environ, des
sentinelles veillent et peuvent trouver en quelques bonds, en cas de surprise, un abri dans le
bivouac. En campagne, le sommeil est léger ;
au cri d'alerte, les hommes prennent instanta-
nément leurs postes de combat. Ils n'ont plus
qu'à laisser passer l'orage, tandis que l'ennemi
consomme sans résultat ses munitions.

Dans tout événement grave, il y a la note gaie.
Elle ne manque pas à cette alerte qui pouvait
nous coûter cher. Le véritable sauveur de nos
troupes ne fut pas la sentinelle dont l'appel
déchaîna la fusillade, et qui reçut pour sa
vigilance les chaleureux éloges de ses chefs. Un

obscur soldat, perdu dans la foule anonyme, fut en réalité la cause première et cachée de notre final triomphe. Pressé par un de ces malaises que le pain d'orge et les fruits verts rendaient alors si communs, il allait d'une course rapide, en esclave de la discipline, fidèle observateur des consignes sanitaires, à l'un de ces endroits poétiquement dénommés « feuillées » qui marquent les abords des camps. Mais sa méditation fut courte. Sans prendre le temps de rétablir la correction de ses ajustements, il revint aussitôt, à pas précipités, vers la sentinelle qui l'avait laissé passer. « Je crois qu'Ils sont là ! » dit-il dans un souffle, et il se perdit dans la nuit. L'homme de garde, assurant alors son arme et sa voix, proféra l'injonction martiale dont la brièveté menaçante effraya les assaillants et bouleversa leurs projets.

Dans le brouhaha du départ, tandis qu'ils avalent un café anémique et bouclent leurs sacs, les troupiers se racontent encore les menus incidents, dont le souvenir se perpétuera dans les chambrées. C'est la mésaventure du bel épagneul, ami des officiers et des hommes, qui courait après les coups de feu et qui, par erreur, fut occis comme un Marocain ; c'est l'histoire brève d'un jeune sous-officier qui gagnait sa place de combat par une marche rampante où il faillit être pris pour un ennemi se glissant, poignard aux dents, jusque dans nos tentes ; ce sont les méprises sous les toiles bousculées, où des voix étranglées par l'émotion demandaient : « Qui es-tu ? » tandis que les mains se cherchaient, prêtes aux gestes mortels.....

Mais la sonnerie « En avant » a retenti. Les trois colonnes, sous le commandement suprême du général Moinier, qui prend pour la première fois la direction de toutes ses troupes, s'échelonnent lentement sur la route de Bahlil. Les hommes vont d'un pas léger, à travers champs et sur la piste poussiéreuse. Ils sont enfin déchargés de leurs couvertures qui rendaient les sacs si gênants et si lourds, et qui sont transportées par ballots sur les chameaux du convoi. On marche droit à l'ennemi, et cette offensive plaît à l'esprit de notre race. Il semble qu'on ne doive plus revoir les piétinements sur place des opérations antérieures, les élans arrêtés par des ordres prudents, les initiatives ardentes bridées par les prescriptions qu'imposait le rôle des colonnes de secours et de ravitaillement. Et, dès les premiers kilomètres, on se dispose à faire payer aux Beni Mtir le sommeil troublé par l'agitation de la nuit. Ceux-ci, d'ailleurs, ne paraissent pas abattus par l'échec de leur tentative, ni par les pertes qu'ils ont subies, et qu'un des leurs évaluait plus tard à 75 tués et 15 blessés.

A peine les maisons et les jardins de Fez ont-ils disparu derrière la bordure du plateau où s'étagent les montagnes de Bahlil et de Sefrou, que les premiers coups de fusil signalent la présence de l'ennemi. Dans ce pays où l'honnête moissonneur et le coupeur de routes ont des apparences identiques, nous devons toujours, pour éviter les méprises, tirer les seconds, comme à Fontenoy. Les flocons de fumée, qui montent de terre en avant et sur les flancs de nos troupes, dessinent un demi-cercle que les Beni Mtir semblent tenter de refermer sur nous. Comme aux combats du 22 et du 25 mai, on voit l'ennemi se défiler à cheval dans les imperceptibles plissements du sol, se couler derrière les moissons mûres, pour terminer l'enveloppement et nous couper de Fez. Et, tandis que le chef de l'avant-garde essaie de s'opposer à cette dangereuse manœuvre en faisant appuyer ses flancs par les canons, un obstacle inattendu se dresse à deux kilomètres de notre front. Couronnant une crête perpendiculaire à la route, plusieurs centaines de tireurs esquissent contre nous une offensive résolue, que guide un vaste drapeau sombre agité à tour de bras.

Combat de Bahlil.
Le Général Moinier donne des ordres.

Les guerriers ont démasqué trop tôt leurs intentions. L'apparent enveloppement par les ailes devait nous obliger à éparpiller dans plusieurs directions nos détachements de protection, et laisser l'avant-garde seule aux prises avec l'adversaire supérieur en nombre que nos chasseurs, nos spahis et nos goumiers venaient d'éventer. Et par les intervalles agrandis qui auraient séparé nos troupes, un lot de cavaliers pouvait se glisser en trombe vers les chameaux lourdement chargés des trains régimentaires et des convois administratifs, pour les piller sans danger.

« La situation semble critique, » chuchotaient quelques théoriciens inexpérimentés, mais nourris de fortes études militaires ; comme si une petite armée de 6 000 hommes, bien pourvue de canons et de munitions, pouvait se trouver en danger au milieu de toutes les tribus marocaines confédérées sur le sentier de la guerre. Tel devait être, du moins, le sentiment du général en chef qui passait souriant, très chic et très droit sur sa selle, suivi de son porte-fanion et d'un état-major copieux. Du tertre où il s'est placé, partent des ordres clairs et précis. Une batterie accourt, pointe ses pièces dans la direction du front, et les obus qui éclatent sur la ligne mince des assaillants produisent aussitôt leurs effets coutumiers. Cavaliers et fantassins s'agitent affolés sous la grêle d'acier. En vain, leur chef essaie de les maintenir ; la débandade s'accentue et se transforme en déroute. A la lorgnette, on peut voir des cavaliers enlevés de leurs chevaux ; le drapeau noir, lui-même, change trois fois de main et finit par disparaître sans retour.

Sur notre droite, où les contreforts des montagnes longés par la route donnent à l'ennemi l'avantage du terrain, les goumiers d'Algérie et de Chaouïa, les détachements de la méhalla chérifienne qui s'étaient joints à nos troupes, rivalisent d'entrain pour mériter l'estime de nos soldats, et liquider avec les Beni Mtir un gros arriéré de rancunes. Comme sur la place d'exercices, ils marchent correctement alignés, ajustent, repartent, et leur manœuvre est vraiment belle à voir. Les guerriers ennemis ne peuvent tenir contre une offensive aussi résolue ; leur cohésion apparente est brisée. Ils s'essaiment en petits groupes qui continuent, hors de la portée de nos balles, à l'abri de nos canons dédaigneux, l'inévitable fantasia des chevaux galopant en rond tandis que leurs cavaliers tirent, sans viser, de fanfarons coups de fusil.

Tout en refoulant un ennemi désorganisé qui n'oppose plus de résistance sérieuse, les troupes du général Moinier continuent leur marche à travers les champs où les cadavres épars et les moissons foulées révèlent l'importance numérique des adversaires qu'elles combattent. Quinze cents hommes, peut-être, ont dû sauver ce jour-là l'honneur des tribus orientales de la grande famille des Beni Mtir.

Vers deux heures de l'après-midi, l'avant-garde arrive à Bahlil qu'elle traverse rapidement. La population s'est enfuie dans les rochers voisins. Seuls, quelques fanatiques ont disputé le passage dans les rues étroites du bourg. Un lieutenant colonial, un sergent de légion étrangère, sont blessés, deux soldats tués : mais cette résistance est vite brisée. Un parlementaire, porteur d'un drapeau blanc, escorté d'un paysan conduisant un gros veau, emblème d'intentions pacifiques, se présente au général en chef, tandis que des coups de fusil isolés partent encore de la montagne. Et la sonnerie « Halte-là » fixe toutes nos fractions sur leurs emplacements ; l'interprète officiel signifie à l'envoyé des Beni Mtir les conditions de l'armistice demandé.

Dans une prairie bien verte, séparant deux contreforts boisés qui se soudent au pied de Bahlil, le général en chef, ses commandants de colonne, les états-majors, les représentants de la presse, une batterie d'artillerie, des officiers venus en curieux, forment un groupe éclatant et pittoresque. Au parlementaire qui s'humilie, le général fait expliquer ses volontés. Bahlil doit être évacué ; la mélinite va bouleverser les maisons qui ont abrité les derniers combattants ; douze notables se constitueront en otages et livreront les fanatiques dont les coups furent funestes à quatre des nôtres ; un délai de vingt minutes est accordé aux habitants pour accepter ces conditions. Sur les pentes qui dessinent un cirque

Effet de l'artillerie sur une kasbah.

autour de la prairie, des troupes étagées observent avec intérêt cette conférence. Vestes rouges des spahis, ceintures écarlates des Algériens, uniformes kaki des marsouins, manteaux bleus des goumiers plaquent des touches gaies dans le vert sombre des champs et des bois. Dans les roches inaccessibles du pic Souk-Zou, deux ou trois énergumènes font, par intervalles, parler une poudre bruyante, en signe de patriotique protestation. Sur les crêtes dentelées, de vagues formes humaines apparaissent, descendent en toute hâte vers le village et montrent, dans la lorgnette, les signes évidents d'un exubérant désespoir.

Bientôt, les échos de la montagne répercutent de sourdes détonations. Des nuages de fumée noire montent au-dessus des maisons grises qui s'écroulent, et que l'ombre grandissante des sommets semble vêtir de deuil. Ce sont les soldats du génie qui font leur œuvre et vengent nos morts. Mais les regards se détournent de cette scène pour contempler un spectacle nouveau. Une théorie de douze indigènes, conduisant deux hommes ligottés, arrive par le sentier rocailleux. Leur démarche est fière et leur attitude n'est pas celle de vaincus. Près du général, ils se rangent en ligne, jettent leurs turbans à terre en signe de soumission, avec une allure de Vercingétorix lançant ses armes aux pieds de César. Ils écoutent, impassibles, leur sentence, terrible dans son apparente bénignité : leur tête répond, pour cette nuit, de la paix dans la montagne ; en otages, ils suivront nos troupes et ils seront remis au Sultan dès notre retour à Fez, comme gages des sanctions que le souverain prononcera, contre les districts rebelles de Bahlil et de

Sefrou. Leur vie, leurs familles, leurs biens, sont désormais en jeu ; la rage belliqueuse de quelques fanatiques peut leur faire tout perdre, mais il en sera suivant la volonté de Dieu. Et, calmes, ils s'assoient par terre, sans parler, tandis que les gendarmes de la prévôté qui veilleront sur eux prennent livraison des deux prisonniers.

La reddition de Bahlil entraîne celle de Sefrou, qui passait pour être le chef-lieu des rebelles de la région. Les troupes peuvent maintenant s'installer au bivouac, et s'y reposer sans crainte d'alerte. Les emplacements sont répartis entre les trois colonnes, et les victimes de la bataille commencent à respirer. La journée nous a coûté relativement cher : outre cinq ou six tués, une quinzaine de blessés grièvement atteints sont le prix dont nous payons le rétablissement du prestige local de Moulay-Hafid.

L'exécution de Bahlil, succédant à l'échec de Dar-Debibagh, ôtait pour quelque temps aux Beni Mtir de la région l'envie de reprendre les armes. Plus encore que la crainte, la présence des otages dans nos rangs garantissait une pacification complète, sinon durable. L'objectif de nos troupes se trouvait désormais à Meknès, où le Maghzen insurrectionnel appelait ses dernières forces pour jouer sa dernière partie. L'opération du 5 juin avait surtout pour résultat d'assurer les derrières pendant la marche à travers le territoire des Beni Mtir, que le général en chef voulait traverser dans toute sa longueur, pour s'y mesurer d'une manière décisive avec les plus farouches et les plus valeureux partisans de Moulay-Zin.

Le lendemain, de grand matin, on se met en route. Les ravins succèdent aux ravins ; les *séguias* en remblai sont pour les animaux de bât, et surtout pour les attelages des batteries de 75, des obstacles presque infranchissables. Tous les autres véhicules sont restés à Fez, et les ambulances, les trains régimentaires et les convois sont portés par des mulets et des chameaux. Les morts de la veille ont été inhumés secrètement pour préserver leurs tombes des outrages. Les blessés, dont plusieurs auraient grand besoin d'un repos immédiat, sont groupés par deux sur les cacolets et compriment avec peine leurs gémissements douloureux. Par instants, ils tournent leurs regards vers Fez dont on aper-

çoit au loin les buées bleuâtres, comme vers le
port ardemment désiré après une traversée ora-
geuse ; de cahots en cahots, de chutes en chutes,
sous le soleil qui darde, harcelés par les mouches
qu'attire l'odeur du sang desséché, ils vont,
assommés par la souffrance ou soutenus par les
piqûres de morphine
que les médecins com-
patissants leur donnent
à tous les arrêts. Et la
compassion   générale
qui les accompagne va
aussi vers les pauvres
bêtes qui les transpor-
tent, butant et chance-

Un éclopé.

lant à chaque pas : deux hommes et les cacolets
où ils sont couchés représentent un poids minimum de 180 kilogrammes, bien lourd pour des
mulets algériens, plus petits que leurs congé-
nères français, et déjà épuisés par les fatigues
d'une campagne pénible où les soins leur ont
fait défaut.

Pendant la marche, des Beni Mtir dissidents
ont observé les troupes, sans tenter une attaque
dont ils semblaient comprendre l'inutilité. D'ail-

leurs, quelques coups de canon dirigés sur des groupes lointains ont empêché la formation de rassemblements hostiles, et, vers midi, les colonnes font halte auprès de Ras-el-Ma qui, par ses jardins ombragés d'énormes figuiers, ses sources d'eau limpide, sa kasbah et les petits villages qu'elle semble protéger, paraît une oasis dans le désert rocailleux parsemé de champs maigres qu'on vient de traverser.

Cette halte est exceptionnelle dans une expédition où les étapes s'exécutent sans arrêt, depuis l'aube jusqu'à la fin du jour. Aussi les blessés qu'on panse sous les arbres ont-ils un instant de folle espérance. Peut-être va-t-on les envoyer à Fez, à peine éloigné d'une douzaine de kilomètres, plutôt que de les conserver comme d'encombrants *impedimenta* dans une colonne exposée chaque jour à combattre, et dont les moyens de transports sanitaires sont restreints. Leur désir paraît d'ailleurs aisément réalisable. Dans la plaine découverte qui s'étend jusqu'à la capitale, nulle surprise n'est possible ; les rares douars sont peuplés de gens pacifiques, et les rebelles sont partis vers l'Ouest. En trois heures, une escorte de cavalerie conduirait sans danger nos quinze blessés à Fez ; elle serait, le soir même, de retour au bivouac. Les ignorants, les médecins raisonnent ainsi ; mais il doit y avoir de sérieuses raisons pour que cette solution simple ne soit pas adoptée. La nécessité d'arriver sans retard à Meknès impose sans doute au commandement une détermination différente. Le passage d'un oued qui roule à vingt mètres au-dessous de la plaine ses eaux claires et fraîches dans un sillon rocheux dont, à moins de cent mètres, on ne soupçonne pas l'existence, est enfin rendu praticable. Après une heure de repos, le convoi, les ambulances et l'arrière-garde franchissent cet obstacle, et se reforment lentement, tandis que le reste des troupes est déjà parti en avant pour s'établir au bivouac du soir.

Sur le plateau rocheux et accidenté d'Aïn Blous, qui domine la coupure de l'oued Nja, le camp forme un vaste demi-cercle ponctué de fumées claires et de feux joyeux. Quelques mercantis indigènes, pressés d'arriver à Meknès et ne voulant pas s'exposer aux dangers de la route, ont trouvé avantageux d'accompagner nos troupes, qu'ils exploitent impunément. Dans leurs marabouts crasseux, lugubrement éclairés par des bougies fumeuses, les acheteurs se pressent devant les sommaires étalages de sucre, de pain d'orge, de savon noir et de beignets rancis. A l'extrémité de sa ligne, vers le campement de la mehalla, quand vient le soir, des lumières nombreuses s'allument et donnent un air de fête aux tentes confortables que domine le drapeau chérifien orné d'une queue de cheval. Le lieutenant français, qui commande ce détachement de l'armée marocaine, est fier d'avoir les trois armes sous ses ordres ; et, vraiment, les animaux sont bien tenus, les canons Canet montrent leur bouche brillante et les fantassins ont fort bon air. Au centre, dans un vallon descendant vers l'oued Nja, les correspondants des journaux ont dressé leurs installations, qui paraissent somptueuses aux officiers coloniaux, dont la petite cantine et le tiers de tente individuels inspirent les condoléances narquoises des Algériens que le hasard a mieux favorisés.

L'étape du 7 juillet est pénible et variée. L'axe de marche suivi par les colonnes va rejoindre par monts et par vaux, au gué de l'oued Madhouma, la grande route de Fez à Meknès.

Avant-garde et flancs-gardes échangent des
coups de fusil avec les Beni Mtir, qui se
montrent de plus en plus nombreux, mais qui
ne semblent pas encore décidés à risquer dans
un engagement décisif les dernières chances de
l'insurrection. A l'arrière-garde, sur leurs cacolets branlants, les blessés de Bahlil gémissent
toujours ; vers sept heures
du matin, deux d'entre
eux passent doucement de
vie à trépas, et les témoins
de leur terrible voyage
en éprouvent une satis-
faction apitoyée.

Vers midi, comme la
veille, le passage d'une

Chameau et bourricot.

rivière impose un arrêt inattendu. L'oued
Madhouma coule dans une gorge étroite ; la piste
qui dégringole sur les versants rocheux le traverse
à l'origine même d'une chute de quinze mètres,
et la moindre erreur de direction jetterait les
attelages dans le gouffre béant. Tandis que les
chameaux, les animaux de bât passent doucement, les soldats se rangent sur les hauteurs en
spectateurs intéressés, et les officiers d'artillerie

cherchent les moyens d'amener sans encombre sur l'autre berge leur pesant matériel. Il faut descendre, sur une dénivellation de dix mètres, une pente en corniche de 40 degrés, tourner très court, franchir en droite ligne la rivière en longeant l'arête de la cascade, et grimper sur la rive opposée en côtoyant le précipice. Par leur longueur et leur poids, les attelages ne semblent pas assez maniables pour exécuter, sans aménagements compliqués et lents, un pareil tour de force. Les fantassins sont anxieux comme à l'approche d'une catastrophe ; mais, après un rapide examen, les artilleurs sont confiants.

Le premier canon est mis en marche. Dix hommes, halant sur une corde solide, retiennent avec peine sa masse sur la pente ; les bons chevaux de France, altérés, veulent boire dans la rivière, mais il ne faut pas arrêter l'élan de la pièce, car le moindre écart serait fatal. Excité par la voix, le fouet et l'éperon, l'attelage vire sur place, s'engage sur la berge opposée, la grimpe au galop dans un tourbillon de poussière, un grand bruit de ferrailles, tandis que l'avant-train, le canon, cahotés, semblent rouler sur leurs moyeux, et qu'une roue, par instants tourne dans le vide. Enfin, les chevaux essoufflés, yeux saillants et naseaux dilatés, sont arrêtés sur le plateau ; conducteurs et servants se félicitent de leur dextérité et ne songent plus qu'à voir si leurs camarades auront autant d'adresse et de bonheur. Et les profanes les plus ignorants, qui admirent ce spectacle, sont confondus par les extraordinaires qualités de la troupe et du matériel : l'intelligence, l'entrain de l'une appliqués à la précision, la rusticité, la stabilité de l'autre, donnent vraiment à l'armée française un incomparable outil de combat.

En deux heures, les trois batteries ont passé. A travers le plateau argileux, où les pluies ont creusé entre les palmiers nains des rigoles profondes, les troupes ont repris leur marche qu'alourdit un soleil éclatant. Derrière l'ambulance qu'accompagne un lancinant concert de plaintes, les deux morts du matin, dont la décomposition s'affirme déjà, liés par les poignets, mal dissimulés par une bâche, sont placés en bissac sur un chameau fatigué. Le conducteur semble prendre un malin plaisir à lui laisser par moments brouter les jeunes pousses, comme pour exaspérer les soldats qui le dépassent, par la vue de son funèbre fardeau.

Sur un beau pont en pierre d'une seule arche, l'oued Zedida est franchi. Une plaine fertile porte jusqu'à l'horizon les vastes pâturages, les riches moissons du caïd bou Dmani, dont la kasbah orgueilleuse domine quelques maisons misérables et de superbes bosquets de figuiers séculaires, qui bordent un vallon où chantent des sources fraîches. C'est autour de la résidence du chef rebelle que le bivouac s'établit. Dans les logis abandonnés, les soldats s'éparpillent à la recherche de combustible. Et l'on voit revenir fantassins, cavaliers, artilleurs, chargés fièrement de bois œuvrés qu'ils montrent comme des trophées : un homme du tabor apporte en travers de la selle une poutre de noria ; deux tirailleurs algériens charrient un large lit ; sur un caisson retardataire, des canonniers ont chargé des portes et des volets ; un marsouin plie sous le poids d'une charrue. Bientôt les feux des cuisines rougeoient dans la nuit tombante tandis que des postes de surveillance sont placés au milieu des petits bois qui entourent le campement.

Cette fois, les fidèles observateurs du règlement sont satisfaits : postes et sentinelles sont établis assez loin pour enlever aux Beni Mtir, dont on attend la visite nocturne, des abris avantageux. D'après les agents de renseignements, une attaque est, en effet, probable : le chef rebelle a promis de revenir en nombre dans la forteresse qu'il abandonna. Et pour montrer clairement que les troupes françaises méprisent ses menaces, le général ordonne de laisser dans la kasbah le souvenir impressionnant de notre passage. Un fourneau de mine,

La tente de six hommes.

chargé de 25 kilogrammes de mélinite, fait bientôt sauter la porte principale, et la détonation répand au loin la preuve de notre force et la justice du châtiment. Sa bénignité suffit cependant pour rendre inviolable le sommeil des bivouacs. Le lendemain, de grand matin, les jambes reposées et l'estomac satisfait, nos troupes se mettent en route allégrement, sans inquiétude sur le sort de la partie décisive qu'on allait enfin jouer dans la journée, avant d'arriver à Meknès.

Le Sultan a dû éprouver le même sentiment. Sur le chemin où nos colonnes se reforment, le vieux El Omrani, grand maître des méhallas chérifiennes, entouré d'un millier de cavaliers, attend le général. Il venait pour assister à l'écrasement des rebelles et à l'humiliation de Moulay-Zin. Et l'on admirait ce grand seigneur, à la barbe blanche comme la neige de son burnous et de son turban, qui courait encore les routes pour la gloire de Moulay-Hafid. Ses cavaliers, dont les fines montures et la masse compacte inspiraient à nos soldats des commentaires flatteurs, semblaient prêts aux charges héroïques comme aux plus vertiginieuses fantasias. Ils accomplirent peut-être des prodiges de valeur pendant la bataille, mais nul barde n'en fut témoin pour les raconter.

Dans la campagne déserte, la petite armée continue sa route sans obstacle. Vers l'Est, les minarets de Meknès apparaissent par-dessus les masses bleuâtres d'arbres lointains. On touche enfin au but, et l'on se demande si les rebelles ne vont pas s'avouer vaincus sans combattre. Ils ont manqué au rendez-vous qu'ils avaient donné la nuit dernière, et la conviction

de leur infériorité les pousse peut-être à ne pas
affronter une lutte inégale. Mais, à l'avant-garde, on sait déjà que la poudre va parler.

Nos spahis, les guerriers d'El Omrani, nos
goumiers à cheval qui étendaient au-devant de
nos colonnes un rideau protecteur, font demi-

Vue de Meknès.

tour et reviennent à vive allure, poursuivis de
près par de nombreux cavaliers. Les Beni Mtir
ont été démasqués et chargent à fond de train
nos éclaireurs, inférieurs en nombre, qui manœuvrent de façon à les attirer dans un piège.
Tandis que le gros de nos troupes s'arrête,
hypnotisé par le spectacle de cette course furi-
bonde, une compagnie d'infanterie, dissimulée
dans les orges, se déploie et, dans le champ de

tir adroitement dégagé par les nôtres, elle envoie quelques salves qui arrêtent aussitôt les assaillants. Ils se dispersent, font demi-tour, et disparaissent comme s'ils s'étaient enfoncés dans le sol. L'étroite vallée de l'oued Ouislan, sillon rocheux de 300 mètres de largeur et de 50 mètres de profondeur, invisible de la route, leur sert de refuge et aussi de barrière, que leurs fantassins vont défendre âprement.

Le combat se déroule suivant le programme ordinaire des rencontres antérieures. Contre les ennemis, dont les moissons hautes ne permettent pas d'apprécier le nombre, nos goumiers se lancent avec entrain. Leur ligne progresse méthodiquement sous le feu ; les Beni Mtir ne lâchent pied que lorsqu'ils aperçoivent marsouins et tirailleurs algériens, déployés à leur tour, et qui s'apprêtent à intervenir. Ils battent prestement en retraite, dévalent au bord l'oued Ouislan, poursuivis, baïonnette haute, par les goumiers qui les atteignent, tandis qu'ils cherchent un passage, et qui en massacrent plusieurs sans pitié. Les autres, en remontant les pentes abruptes de la rive opposée, sont accueillis par les feux bien ajustés de notre deuxième ligne, qui leur font éprouver des pertes importantes. En moins de deux heures, notre infanterie a passé le ravin devant lequel un ennemi habile et résolu aurait pu nous immobiliser longtemps. L'artillerie, dont l'intervention a été très efficace, va traverser à son tour, et si l'opération est moins théâtrale que la veille, si l'on n'y voit pas des attelages enlevés au galop dans la poussière d'un sentier de chèvres, elle n'en n'est pas moins délicate et dangereuse. Un maréchal des logis roule sous un caisson renversé ; on l'emporte à moitié mort. Sur la droite, les Beni Mtir semblent disposés à profiter de la ligne de défense formée par le « mur des chrétiens. » Quelques coups heureux de notre matériel de montagne les chassent de leurs créneaux et des bois d'oliviers où l'infanterie les poursuit vivement.

Vers midi une accalmie se produit. Fusils et canons se taisent. D'après des émissaires, la discorde règne à Meknès, entre les partisans de la soumission immédiate et les chefs les plus compromis de la rebellion qui voudraient obliger Moulay Zin à prendre le commandement direct de ses troupes. Les caïds des tribus Beni

Mtir et Guerouan sont venus faire un suprême effort en faveur de la résistance. Ils terrorisent les Juifs qui, menacés d'un pillage général, sont obligés de livrer pour rien les dernières caisses du stock de cartouches dont ils avaient ravitaillé l'insurrection, avec des bénéfices exagérés. Les fanfarons, les fier-à-bras, qui trouvent dans leur intransigeance une facile popularité, les encouragent, et, dans le tohu-bohu de ces conférences tumultueuses, le prétendant qui craint pour sa vie regrette amèrement son aventure. Le rassemblement des irréductibles va se faire en dehors de l'Aguedal ; la population tranquille s'empressera de fermer les portes derrière eux. Le Maghzen insurrectionnel esquissera un semblant de lutte contre nous et se hâtera d'implorer l' « aman » après avoir sauvé l'honneur.

Le général en chef, amusé, satisfait aussi d'obtenir presque sans coup férir la reddition de la capitale rebelle, accepte ce programme dont l'exécution va commencer aussitôt. Nos soldats ont consommé leur repas froid ; bien reposés, ils pourront donner sans fatigue le dernier effort. Justement, les vedettes signalent, vers l'Ouest, une grosse masse de cavaliers qui s'agitent. Les canons de 65 font entendre leur voix stridente, et les obus sèment la confusion chez les derniers Beni Mtir, qui disparaissent à l'horizon. Les troupes se mettent en marche dans une formation qui serait dangereuse en Europe, mais qui est bien choisie pour laisser aux Marocains une impression durable. Et, des murailles de la ville, les curieux qui se montrent en grappes derrière les créneaux peuvent admirer notre cavalerie bariolée, prête à repousser en fourrageurs une charge improbable de l'ennemi ; les bataillons en colonne double correctement alignés, encadrent notre artillerie attelée qui défile au pas solennel de ses attelages ; les ambulances suivent, montrant nos blessés toujours plaintifs sur leurs cacolets, comme un hommage rendu à la valeur de nos adversaires. Le convoi de chameaux innombrables développe la théorie de ses pelotons serrés ; l'arrière-garde ferme la marche ; et l'ensemble représente la force irrésistible, la puissance illimitée.....

Soudain, ce défilé qui à Longchamp, aurait excité un enthousiasme délirant, est arrêté par une sonnerie de clairons. Les troupes mettent pied à terre ou forment les faisceaux ; le dernier

rite va s'accomplir. Conformément au programme, le général en chef est arrivé devant la
porte close de l'Aguedal, dont la serrure énorme
et les assemblages compliqués défient les efforts
de nos sapeurs. Le mirador branlant qui la
couronne laisse voir un canon boiteux dont les
imaginatifs de la colonne ont cru, pendant le
combat, percevoir les lointaines détonations.
Cette porte fermée, emblème des sentiments indigènes, doit céder à la violence pour que les des-
tins soient accomplis. Et fiévreusement, les soldats du génie préparent un fourneau de mine,
savamment calculé pour ouvrir le passage sans
démolir le rempart. Dessinant un vaste demi-cercle, les généraux, les états-majors, les représentants de la presse, les curieux bigarrés de tous
les corps de la petite armée, les mercantis et les
chameliers forment une foule aux couleurs éclatantes, qui bavarde et qui attend. Mais le
demi-cercle s'agrandit, à la prière de l'officier qui va donner le signal du geste destructeur. Un mince flocon de fumée paraît à l'extrémité du bickford ; l'attente semble interminable, le résultat incertain, et les impatients
proposent de rallumer le cordeau porte-feu qui

doit être éteint. Tout à coup, un épais nuage noir, haché de volutes grises, fuse de l'arcade qui semble chanceler ; une détonation sourde retentit ; le nuage grandit, rase la terre, balaie la poussière et s'évanouit dans le vent. Des photographes se félicitent bruyamment d'avoir saisi l'instant précis du cliché sensationnel. On se précipite pour voir les résultats de l'explosion ; le porche, le mirador, la porte elle-même sont intacts ; le petit canon est toujours instable sur son

Explosion de la porte de Meknès.

affût ; mais les madriers qui servaient de barricade sont pulvérisés. Les ais disjoints s'écartent sous d'habiles pesées ; la barrière morale dressée par la révolte vaincue s'ouvre toute grande sur les jardins déserts.

Cet épisode a détourné l'attention des curieux qui n'ont pas vu l'arrivée de Moulay-Zin, dont la présence dans notre camp consacre le triomphe diplomatique et guerrier du général en chef.

Près de la porte violée, des tentes se dressent, qui vont abriter le prétendant malheureux. Gros, le visage disparaissant dans la barbe noire et sous le capuchon relevé de son burnous blanc, l'ancien sultan de Meknès paraît satisfait du dénouement dont notre intervention supprime les conséquences tragiques. Il semble heureux d'être débarrassé de toutes les intrigues, de toutes les difficultés où se débattait sa pauvre intelligence, et qui gênaient ses goûts tranquilles de matérialiste raffiné. Sûr d'être accueilli à Fez sans affection, mais aussi sans dommage, son équipée ne lui laisse guère que le souvenir d'un cauchemar heureusement terminé. Et la protection de la France s'affirme déjà dans la garde d'honneur qui veillera sur lui, éloignera ses amis trop importuns ou trop compromettants, pendant le court séjour de nos colonnes sous les remparts de Meknès.

Dans la ville, dont les ouvrages spéciaux ont tracé d'enthousiastes descriptions, d'ailleurs justifiées, la population s'est promptement résignée. Les habitants accourent, pour flâner au milieu des bivouacs, pour vendre des fruits, des œufs, du lait, dont les caporaux d'ordinaire font d'abondantes provisions. Autour du camp, rien ne vient troubler la quiétude sereine des campagnes désertes. Au tumulte guerrier de naguère succède une paix absolue : chevaux et mulets vont à l'abreuvoir sans escorte, et les dernières vedettes ont depuis longtemps rejoint leurs escadrons. Seules, quelques sentinelles se promènent sur le terre-plein du mur qui entoure l'ancien Champ-de-Mars des mehallas, et guettent sans anxiété un retour improbable de l'ennemi.

Une porte de Meknès.

A Meknès, comme à Fez, les Juifs avaient la reconnaissance exubérante. Quand le général Dalbiez et les officiers qui l'accompagnaient en touristes franchirent la porte du mellah, ils furent accueillis comme des libérateurs. Les filles de Sion ne devaient pas acclamer Judas Macchabée vainqueur avec plus d'enthousiasme que le grand rabbin, les anciens du peuple, les familles de boutiquiers et de prêteurs, dont les émotions étaient trop désagréables pour être déjà oubliées. Le moindre retard dans notre marche aurait eu des conséquenses désastreuses pour les personnes et les biens de leur nombreuse communauté. Mais ils se ressaisirent pendant le repos et les méditations du Sabbat et dès le surlendemain de notre arrivée, ils spéculaient sur nos besoins avec la plus naïve ingratitude. Leur joie fut sans bornes quand ils apprirent que Meknès allait être gardé par un fort détachement de nos troupes, source intarissable de fructueux trafics.

Pour faciliter le rétablissement de l'autorité du Sultan dans la capitale à peine soumise des rebelles, et aussi pour amorcer une ligne d'étapes plus directe vers Rabat, le général en chef avait décidé en effet de laisser dans l'Aguedal une forte garnison. Le choix de son emplacement, la solution diplomatique des difficultés de l'installation exigèrent deux grandes journées de conférences. Mais, dès le premier soir, on avait retenu au milieu des jardins un petit pavillon appartenant au Maghzen, pour y établir l'hôpital de campagne, aussitôt encombré par les malheureux blessés de Bahlil, les victimes de la journée, les malades que guettaient la typhoïde et la dysenterie. Dans la salle pavée de mosaïques vertes et blanches, protégée contre le soleil par un large péristyle aux fines colonnettes ornées de délicates sculptures, les matelas indigènes, achetés par un médecin ingénieux, s'alignaient, recouverts de moustiquaires hâtivement cousues par des lingères diligentes. Autour de ce pavillon, un vaste parc ombragé d'orangers séculaires, de figuiers géants, de grenadiers en fleurs, attendait les premières sorties des convalescents. Tout proche, masqué par des haies touffues d'aloès, le petit cimetière bientôt insuffisant, où les tombes d'un goumier, d'un tirailleur algérien, tués le matin même, soulevaient leurs *tumuli* jaunâtres, ornés de fleurs déjà desséchées. Dans la cour d'honneur d'un chateau en ruines, dont l'ombre couvrait le pavillon, quatre canons Krupp, deux mitrailleuses Maxim, bien entretenus, mais sans munitions, attestaient les gaspillages du Maghzen et l'incurie des insurgés.

*
* *

Après avoir ainsi maté la révolte à Meknès, il n'y avait plus qu'à rentrer à Fez en semant une salutaire terreur, par l'exhibition de nos forces militaires dans la région troublée du Zerhoun. Ces deux journées de repos avaient rendu la vigueur à nos troupes, qui ne devaient plus, d'ailleurs parcourir que des étapes relativement courtes. Et, le 11 juin, on se met en route dans la direction du Nord.

Sur le chemin raboteux, coupé de fondrières, qui longe la face orientale de l'Aguedal et les remparts du quartier musulman, la colonne serpente, interminable. Au passage des portes, des ravins et des ponts, les chameaux s'effarent, s'arrêtent, repartent au milieu des imprécations de leurs « sokkras, » et causent de fâcheux à-coups dans la marche. Enfin, après quatre heures de piétinement, égayés par le spectacle de la foule curieuse qui, du haut des murailles, contemple le défilé, on laisse en arrière la porte monumentale dénommée Bab-Berdaïn. Le convoi se reforme en bon ordre après avoir franchi une dernière fois l'oued Bou-Fekran sur un beau pont en pierre, et les troupes arpentent d'un pas léger la piste qui traverse le pays des Guerouan et va longer le versant occidental du Djebel Zerhoun. Pendant une heure encore, les

forêts d'oliviers, les jardins fruitiers qui font à
Meknès une verte ceinture célèbre dans tout le
Maroc, vont reposer les yeux fatigués par la
reverbération du soleil sur la route blanche ;
puis le paysage reprend son aspect habituel d'espaces infinis sur un plateau faiblement ondulé.
Vers le Nord, les montagnes dressent leur barrière bleuâtre,
piquée de pe-
tits villages
blancs dans les
forêts sombres.
Partout, des
douars, des
chevaux, des
moissonneurs.

Moulay-Zin.

Ceux-ci, trois jours auparavant, faisaient le coup
de feu contre nous ; ils accourent maintenant
sur les bords de la route, adressent à tous, officiers et soldats, des saluts familiers, et semblent
réserver l'indifférence ou le mépris de leur
attitude au malheureux Moulay-Zin, dont ils
attendent le passage avec impatience.

Il paraît enfin. Sur un gros cheval à l'allure
sculpturale et qui semble descendre d'un piédes-

tal du temps de Louis XIV, une vaste selle d'un
rose vif éclate au soleil et sert de support au prétendant vaincu. Il va droit et digne, libre en
apparence et précédant un lot d'anciens ministres et de serviteurs déférents. Le général en chef
le dépasse, échange par l'intermédiaire d'un
officier interprète quelques compliments brefs
et courtois, et disparaît dans la poussière opaque
du convoi. Le colonel Gouraud, que signale un
fanion rouge ondulant sur les moissons, le suit
de loin, énigmatique et froid. Il contemple cependant avec complaisance ses marsouins et ses
bigors dont quelques critiques malveillants con-
testent les actes et les qualités, comme si l'on
pouvait effacer de l'histoire l'immense empire
asiatique et africain donné en trente ans à la
France par les coloniaux.

Vers une heure de l'après-midi, la chaleur
intense a depuis longtemps fait taire les chansons, cesser les lazzis qui égayaient les premières
pauses de la marche. Le sac, quoique allégé
de la couverture, paraît lourd aux épaules qui
s'affaissent ; les bidons sont depuis longtemps
vidés. Comme toujours, on ignore la longueur
de l'étape, le moment probable de l'arrivée.

Mais, soudain, au tournant d'un contrefort qui s'avance sur le plateau brûlant, le paysage change et des cris de joie retentissent. Au fond d'une vallée verdoyante où des éclairs liquides scintillent entre les herbes, les groupes Dalbiez et Brulard ont déjà dressé leurs tentes. Les forêts

Moulay-Idriss.

d'oliviers grimpent jusqu'au faîte des montagnes qui abritent le gros village et la zaouïa de Moulay-Idris, le fameux sanctuaire marocain. En face, des colonnes dressent leurs minces silhouettes brunes, des blocs amoncelés marquent l'emplacement de *Volubilis*, l'antique cité romaine que les Français, héritiers intellectuels des anciens conquérants, réveilleront bientôt peut-être de son séculaire sommeil.

Nos troupes vont rester sur leurs emplacements pendant toute l'après-midi, et la journée
du lendemain. Le général en chef doit recevoir
la soumission des chefs Guerouan qui avaient
pactisé avec les Beni Mtir, et surtout des
« cheurfas » de la célèbre zaouïa dont l'influence religieuse est souveraine au Maroc.
Seuls, les représentants de la presse, les lumières du service des renseignements et des affaires
indigènes, les premiers sujets des états-majors
ont été conviés à cette cérémonie originale qui,
d'après les correspondances publiées dans les
journaux, ne manqua pas de pittoresque et de
grandeur. Quelques semaines après, officiers et
soldats apprenaient ainsi l'importance politique
d'une solennité dont nulle indiscrétion n'avait
révélé le programme théâtral. Ils ne songèrent
pas à s'en étonner. Depuis le début de la campagne, ils étaient accoutumés à payer de leurs
personnes sans connaître le but et la longueur
des marches, la durée des stationnements, la
nature et le prix des résultats. Ils assistaient au
drame marocain comme des machinistes qui
n'ont jamais vu la pièce dont ils actionnent les
décors. Ils sentaient que la volonté directrice

était bien au-dessus, bien loin d'eux, si haut et loin qu'elle ne discernait pas les individualités dans la poussière humaine où tous, du général au simple soldat, semblaient des atomes confus. Ils n'avaient d'enthousiasme qu'aux jours de bataille, où bouillonnait le vieux sang guerrier de la race, et, ne cherchant plus à comprendre, ils jouaient avec sérénité leur rôle fatigant dans les scénarios les plus compliqués.

Ils acceptaient leur stationnement à Moulay-Idris comme une délicate récompense de leurs efforts antérieurs. Pour la première fois, ils avaient, toute proche, l'eau en abondance, le combustible en quantité suffisante ; ils pouvaient dormir sur un sol sans cailloux, et le vent n'assaisonnait pas de sable les chefs d'œuvre de leurs cuisiniers. Les calmes se livraient aux agréments de la pêche, les agités erraient dans les ruines de *Volubilis*, les contemplatifs laissaient reposer leurs regards sur le décor des montagnes boisées où les vétérans de l'Indo-chine croyaient revoir un paysage du Haut-Tonkin. Mais ils s'apprêtèrent sans regret à quitter ce bivouac de délices pour reprendre leur route vers Nzala-beni-Amar, où la rumeur mystérieuse des camps annonçait la rencontre probable avec le courrier de France, impatiemment attendu depuis un mois.

Fractionnée en trois colonnes afin de montrer partout, dans le territoire des Guerouan nos troupes triomphantes, la petite armée se réunit auprès du camp Petitjean. Le poste, de création récente, avait été fondé pour maintenir dans la tranquillité les villages des Beni Amar, qui furent au nombre de nos adversaires pendant le combat du 25 mai. Il montrait, sur le plateau, les lignes compliquées de ses parapets, les talus sombres d'un réduit assez important pour défier l'artillerie de campagne perfectionnée. Et l'on songeait à l'inutilité de ces travaux gigantesques, exécutés en un mois par un bataillon de marsouins, des bigors et des Algériens, que les terrassements ont dû exténuer. Le désir de se montrer plus entendu que le voisin faisait ainsi construire partout des ouvrages de fortification semi-permanente contre un adversaire dépourvu de canons et d'explosifs. Une simple tranchée pour tireur debout, quelques rangées de trous-de-loup peu profonds, suffiraient cependant pour assurer la sécurité de postes provisoires qui seront bientôt évacués. Le temps employé à élever des redoutes, qui feraient bonne figure sur les côtes de Meuse, serait plus avantageusement consacré à l'aménagement d'abris plus confortables que la petite tente. Quelques centaines de francs paieraient aux indigènes apaisés les matériaux qu'ils seraient heureux d'échanger contre les piastres françaises ou les douros hafidiens.

Mais, à la sonnerie des vaguemestres qui couvre les bruits saccadés de la télégraphie sans fil dont le pylône grêle domine le camp Petitjean, des hurlements de joie ont répondu dans les bivouacs. Depuis cinq semaines environ, les troupes lancées vers Fez sont restées sans lettres et sans journaux. Cette privation de nouvelles semble inexplicable dans un pays que des bateaux quotidiens placent à quatre jours de France, où les communications de l'arrière vers l'avant peuvent être facilement protégées, où les courriers de la poste civile française circulent chaque jour entre Tanger et la capitale qui reçoit lettres et journaux datant à peine d'une semaine. Mais, en y réfléchissant, le rôle négatif du Trésor et des Postes aux armées n'étonne plus.

Dans le corps expéditionnaire, les grands services de santé, de l'intendance, le génie lui-même, sont si insuffisamment dotés, que les doléances des parents pauvres, tels que les vétérinaires ou les payeurs, sont négligeables et sans effet.....

Enfin, les sous-officiers de jour arrivent radieux et lourdement chargés. Les doigts fiévreux déchirent les enveloppes, font sauter les bandes, coupent les ficelles des paquets, et, sur tous les bivouacs, passe un bruissement léger de papiers dépliés. Lettres et journaux datent de six semaines ; ils sont plus vieux que s'ils venaient de Chine ou d'Australie, mais chacun parcourt avidement les joies, les deuils, les phrases banales, les serments d'amour, les mensonges d'affaires qu'apportent les feuillets si impatiemment attendus ; il s'émeut au récit des événements sensationnels qui firent palpiter la France et qui y sont déjà oubliés. L'esprit et le cœur apaisés, il serre dans le sac ou dans la cantine la petite provision intellectuelle et morale où, chaque soir, jusqu'à la prochaine arrivée du courrier, il puisera un peu de réconfort et d'oubli.

Après cette débauche de lecture inattendue, le retour à Fez n'est plus qu'un jeu. On suit d'un pas élastique la route bien connue qui traverse le champ de bataille du 25 mai. Les soldats s'interpellent bruyamment ; ils évoquent, avec des exclamations pittoresques, les moindres incidents du combat : « Ici, mon casque fut traversé par une balle ; — Voilà où mon voisin fut tué sans avoir le temps de souffler ; — Derrière ce talus, j'ai descendu le gros Marocain qui gesticulait. » Et tous rient aux éclats, joyeux de vivre et de pouvoir raconter de tels souvenirs. Les officiers, eux, discutent plus gravement les phases de l'affaire et les manœuvres de leurs chefs. Le terrain dont ils n'avaient vu que le petit coin où s'employait leur activité, se montre dans son ensemble comme un immense plan en relief. Des ordres incompris s'expliquent d'eux-mêmes aujourd'hui ; tel qui s'imaginait avoir joué un rôle prépondérant et méconnu, se voit justement relégué au rang de simple figurant. La journée tout entière, où l'habile utilisation du sol par le chef de l'avant-garde et le commandant de la colonne fut le principal élément du succès, revit avec ses moindres détails dans la mémoire des acteurs, qui se transforment en critiques désintéressés.

Dès leur arrivée à Fez, les troupes reviennent occuper, sur le plateau de Dar-Debibagh, leurs primitifs emplacements de bivouacs. Elles y retrouvent les désagréments que leur promenade circulaire, déjà dénommée par un facétieux « le circuit des capitales, » leur avait presque fait oublier : le crottin des milliers d'animaux, les mouches innombrables, l'eau douteuse, la poussière, le pain d'orge et les cailloux. Mais le Sultan est satisfait. Il s'est réjoui aux nouvelles de nos victoires ; il a fait un accueil dénué d'aménité à son frère repentant. Et maintenant il veut, suivant l'adage connu, récompenser nos troupes dans la personne de leurs chefs qu'il fait inviter, en signe d'estime et d'amitié, à partager avec lui le pain et le sel dans son château de Bou-Jeloud.

Du fond de sa cantine, chacun sort le complet kaki réservé pour les grandes circonstances ; les Algériens, dont le vestiaire est le mieux garni, arborent leurs tuniques du bleu le plus tendre, leurs bottes les plus vernies. A pied, à cheval, sur des arrabas trépidantes, confondant [leurs grades en groupes bigarrés, les officiers s'acheminent vers la Bab-Segma, où le général en chef leur a donné rendez-vous. Des visions éblouissantes de harem ouvert troublent les cervelles des jeunes ; les utilitaires escomptent une ample distribution de décorations hafidiennes ; les désabusés eux-mêmes, les revenants de Tananarive ou de Pékin, qui ont vu les princesses malgaches ou les merveilles du Palais d'Été, songent sans déplaisir au spectacle inédit qui les attend. Tous rêvent d'essence de rose tombant en pluie fine sur leurs fronts brûlants, de confitures exquises, de pâtisseries inconnues, d'almées gracieuses mimant pour eux leurs danses les plus suggestives... Et, considérant leurs chaussures fatiguées, la teinte jaunie de leurs manchettes, leurs culottes défraîchies, ils éprouvent un vague sentiment de honte, qui se précise par le contraste de leur inélégance avec la tenue impeccable des officiers d'état-major.

Pressés en pelotons serrés derrière le général en chef et les commandants de colonne qui ouvrent la marche ils franchissent la Bab-Segma, les voûtes du nouveau Méchouar, tournent dans

l'allée conduisant à Bou-Jeloud, et le sol gronde
sous les sabots de leurs chevaux, sous le martè-
lement de leurs souliers ferrés. Devant la porte,
les cavaliers mettent pied à terre, et confient
leurs montures à des gardiens peu empressés.
Et guidés par des « chaouchs » au fez rouge
encerclé dans la galette rigide du turban
blanc, ils pé-
nètrent dans
les jardins qui
font un nid de
verdure au
Trianon maro-
cain, et que
nul Le Nôtre

Dans les jardins de Moulay-Hafid.

ne dessina. Plantés sans ordre et sans art,
les arbres d'agréments et les arbres fruitiers
mêlent au milieu des tomates, des oignons,
des géraniums et des vignes, leurs parfums
et leurs fruits. Une noria grinçante élève l'eau
de l'oued Fez, qu'elle répand dans les canaux
disjoints serpentant au bord des allées, dans le
réservoir qui alimente les jets d'eau poussifs.
Des tas d'ordures simulent, dans les parterres,
des montagnes de jardins anglais ; des char-

pentes vermoulues soutiennent, sur les chaus-
sées dallées de faïence, des voûtes branlantes de
rosiers.

Mais une porte s'ouvre au milieu d'un grand
mur blanc, et donne accès dans un porche
obscur, compliqué, facile à défendre, que les
officiers traversent
entre deux haies de ser-
viteurs goguenards et
mal vêtus. Et, sans
transition, la cohue
bourdonnante se trouve
sur une terrasse verte
et blanche qui domine
un jardin de petit
rentier où le sultan

Moulay-Hafid.

Moulay-Hafid, entouré de ses ministres et de
notre consul, attend ses visiteurs. Grand et
fort, bien drapé dans son burnous blanc dont
le capuchon se relève sur le fez écarlate, la
figure mangée par la barbe noire qui découvre
deux lèvres sensuelles, les yeux rieurs, il apparaît comme un gros garçon réjoui, puéril et
cruel. Avec des gestes gracieux, il s'incline
devant les premiers arrivants que lui pré-

sente le général en chef et promène dans ses dents éblouissantes le cure-oreilles d'or dont il joue négligemment. Soudain un nuage d'étonnement mêlé d'inquiétude apparaît sur sa figure souriante. Le torrent d'officiers déborde autour de lui, se répand sur la terrasse, envahit la vérandah. Plusieurs le révolver à la ceinture, semblent très animés. Et les derniers tentent de se frayer un passage, s'excusent en paroles bruyantes, se poussent au premier rang, afin de pouvoir contempler un instant, photographier ou dessiner les traits augustes du souverain, qui ne semble qu'à demi rassuré et questionne à demi-voix. Sur le conseil discret d'un colonel narquois, les invités s'écartent en petits groupes, se dispersent dans le jardin fleuri de roses que ferme un pavillon bas tout blanc, coiffé de tuiles vertes, et dont les larges fenêtres s'ouvrent sur de mystérieuses profondeurs. Mais ce n'est pas un sentiment de frayeur qui vient de troubler la placidité du Sultan : c'est l'ennui vulgaire du maître de maison surpris par des visiteurs gênants.

En Algérie, la malignité militaire distingue trois variétés dans l'honorable corps des interprètes officiels : ceux qui parlent le français et ignorent l'arabe ; ceux qui connaissent l'arabe et ne parlent pas le français ; enfin, ceux qui ne parlent ni le français, ni l'arabe. L'interprète qui avait traduit l'invitation du sultan appartenait sans doute à la première catégorie. Moulay-Hafid pensait avoir à traiter une quinzaine d'officiers supérieurs ; environ 150 officiers de tout grade avaient accepté son invitation.

Autour de la table dressée dans une salle à manger assez vaste, où les chaises Thonet voisinent avec des fauteuils qui représentent tous les grands styles français, un conflit aigu de préséances divise les élus : annuaires vivants, les plus anciens revendiquent leurs sièges que s'arrogent indûment des camarades trop pressés. Sur la terrasse, maintenant trop étroite, la foule des subalternes se presse pour voir, comme jadis les courtisans de Louis XIV, le cérémonial du repas. Des serviteurs passent, apportant avec précautions des plateaux d'argent couverts de friandises, des samovars fumants d'où s'exhalent des parfums capiteux de menthe et de café. Dans la salle où l'ombre fraîche estompe les détails des murailles et du plafond, des conversations discrètes font des bourdonnements de mouches.

Au dehors, assis par terre, sur les marches du perron qui descend au jardin sur la bordure de la vérandah, les officiers que leur rang inférieur n'a pas classés au nombre des convives de Sa Majesté, attendent gouailleurs ou grincheux. Depuis Dar-Debibagh, la course à cheval, la marche à pied ont séché les gosiers, creusé les estomacs. Les plus altérés n'attendent pas la réalisation de vagues promesses que des indigènes sardoniques, vêtus de souquenilles rouges, sont venus leur apporter. Ils entourent les vasques de marbre, d'où jaillit une eau douceâtre et sale ; ils y plongent leurs mains brûlantes et boivent à longs traits ce liquide douteux. Encouragés par l'exemple, les camarades se précipitent pour les imiter. Autour des fontaines on se bouscule et l'on échange des mots aigres, comme au buffet de l'Elysée. Devant l'originalité de ce spectacle, l'esprit français ne perd pas l'occasion de se manifester ; et le « five o'clock water » du Sultan devient aussitôt le synonyme d'une petite fête sans prétention et sans apprêt.

Enfin, des serviteurs arrivent, chargés de

victuailles. Les cuisines impériales ne sont pas outillées pour tenir tête aux appétits de 150 hôtes inattendus ; mais le marché voisin a donné aux pourvoyeurs de Sa Majesté les ressources de ses limonades chaudes et de ses gâteaux rancis. Et, tandis que des officiers qui avaient congédié le personnel de leur popote en escomptant un goûter dînatoire sont déjà partis pour réparer leur erreur, leurs camarades font main basse avec joie sur les pâtisseries restreintes, dont ils comparent gravement les mérites avariés.

Dans la salle, un bruit de sièges remués annonce la fin prochaine de la réception. Lestement, les invités secondaires du Sultan s'éclipsent sans prendre congé. Altérés et affamés, ils se retrouvent dans la rue et ne songent pas sans ennui à l'éloignement de Dar-Debibagh. Mais des étalages hospitaliers et des voies engageantes les happent au passage : « Bon le du lait ! bon le du thé ! bon le du café ! » clament en fausset des indigènes qui sont fiers de parler français. Et, mêlés à la foule, les officiers avant de se mettre en route, absorbent sans hâte ces liquides simples et réconfortants.

Au camp, où court déjà la description du

« five o'clock water », cette après-midi mémorable n'a pas été moins fertile en surprises, car les plantons des états-majors et les ordonnances des généraux ont laissé filtrer des renseignements. Dans les tentes, les soldats commentent fiévreusement la nouvelle qui sera officielle bientôt : une petite garnison de sûreté doit être laissée à Fez, et les troupes disponibles partent dans deux jours pour une destination inconnue.

Les moulins de Fez.

IV

LE RETOUR EN CHAOUIA

Scènes de garnison à Fez : la redoute Auvert et la kasbah de
Dar-Debibagh ; l'opinion publique de la capitale ; chez le
bijoutier du Sultan ; la prière du vendredi ; le problème de
la pacification du Maroc ; l'hôpital militaire ; le 14 juillet.
— A Meknès : la situation politique ; un ménage parisien. —
Paysages, postes et troupes de la ligne d'étapes : tirailleurs
algériens et sénégalais, zouaves et légionnaires, soldats coloniaux. — Tiflet : la surveillance des Zaër ; chez le vétérinaire ; un envoi de la Croix-Rouge. — Le camp Monod. —
A Rabat. — Conclusion.

Le 22 juin, dès quatre heures du matin, le
camp de Dar-Debigagh bourdonne comme une
ruche. Discussions de soldats qui plient leurs
tentes et bouclent leurs sacs, commandements

affairés et contradictoires des gradés qui s'agitent, exclamations des conducteurs qui tempêpêtent après leurs mulets, cris des sokkras, borborygmes rageurs des chameaux, se confondent dans un grondement confus et bruyant. Les officiers pérorent avec animation, et commentent le thème supposé des manœuvres imminentes ; les troupes françaises sous la direction du général en chef qui emmène les groupes Brulard, Dalbiez et Gouraud, doivent reprendre la route de Meknès, se rabattre ensuite sur Sefrou menacé par des tribus dissidentes, et revenir à Fez pour figurer, à l'occasion du 14 juillet, dans une grande revue où le Sultan sera convié. Mais les événements, les instructions reçues de France, la maladie, allaient modifier ces projets, et priver les badauds de la capitale d'un spectacle dont on escomptait, avec trop de hâte peut-être, les bienfaisants effets d'intimidation.

Tandis que la petite armée déploie ses éléments sur la piste de Meknès, les unités qui protégeront Fez pendant son absence, occupent leurs emplacements. Ici encore, c'est un panachage compliqué : deux compagnies de

marsouins appartenant à deux bataillons dif-
rents, une section coloniale de mitrailleuses,
une compagnie de tirailleurs algériens, un détachement du train des équipages, du génie,
quatre canons et des cavaliers de la mehalla
impériale, des conducteurs kabyles, telles sont
les troupes qu'un chef d'escadrons de spahis aura
à sa disposition pour garder les malades, les approvisionnements, les services des « troupes de
l'avant, » pour calmer les appréhensions du
Sultan, qui ne voit pas sans inquiétude s'éloigner la masse de ses libérateurs.

Sur le plateau poussiéreux et brûlant, autour
d'une redoute enterrée dont le nom rappelait le
souvenir du médecin Auvert, tué pendant le
combat du 2 juin, les marsouins dressent les
tentes marabouts incommodes, surchauffées,
que, depuis Bugeaud, les troupes d'Algérie considèrent comme le *nec plus ultra* du confortable
africain. Protégés par le parapet qui les met à
l'abri des balles marocaines, 5oo mulets et chevaux malades se consument sous le soleil impla-
cable, souillent de leurs déjections et sanies un
sol qui ne connaîtra pas les désinfectants. Les
tourbillons de poussière nauséabonde, chassés

par le sirocco, déposent leurs microbes dangereux dans les marmites installées en plein vent ;
des mouches innombrables et tenaces s'achar-
nent contre la sieste des malheureux soldats.
Pendant la nuit, les chiens à demi sauvages des
douars voisins se livrent des batailles bruyantes
autour des cadavres d'animaux qui se décom-
posent dans les champs. Privés de sommeil,
brûlés par la chaleur du jour, anémiés par la
fatigue et la mauvaise nourriture de la campagne, voués à l'eau contaminée des *séguias*,
à l'influence déprimante du pain d'orge, tringlots et marsouins ont, du moins, une puissante
consolation. Ils savent que les tirailleurs algériens, cantonnés dans les frais logements de la
kasbah, sont tenus avec une sollicitude inquiète
à l'écart de leur enfer ; que le vaste bois voisin
du Sultan, jalousement surveillé par l'autorité
militaire, réserve ses ombrages aux mercantis
juifs dont les tentes arrondissent, sur la lisière,
un cercle tentateur.

Un souci maladroit de l'hygiène n'allait pas
tarder à compléter les funestes effets d'un
bivouac si mal choisi. On supposait que les
colonnes, dès leur retour, s'installeraient sur

les terrains déjà occupés, pendant quinze jours
environ, par 6 000 hommes, les 3 000 chameaux, les 600 chevaux et mulets que le général
Moinier avait rassemblés autour de Fez. En
d'autres pays, dans nos colonies les plus misérables, des natifs convenablement dressés et
payés auraient exécuté un nettoyage nécessaire,
répugnant et dangereux ; mais, « en Afrique, »
c'est-à-dire dans la contrée bornée par la mer
Méditerranée, l'Atlantique, la Tripolitaine et le
Sahara, on professe pour la paresse des indigènes un religieux respect. Et les marsouins,
avec la sérénité qui les caractérise, promenèrent
le fer et le feu, la pelle, la pioche et le balai,
sur les immondices en putréfaction dans les
camps abandonnés. Ils nettoyaient, pour les
approvisionnements de l'Intendance, le « Fon-
douk » de Dar-Debibagh, où les cortèges des
caïds et des pachas avaient accumulé pendant des siècles les témoignages malodorants
de leurs intermittents séjours. Ces besognes
viles, pénibles et malsaines, imposées à des
organismes en désarroi, ne devaient pas tarder
à rendre visibles leurs pernicieux effets. En
moins d'un mois, la dysenterie et la typhoïde

peuplaient l'hôpital, et les cortèges funèbres développaient sur le chemin du cimetière, leur sévère ordonnance et leur poignante régularité. Le décès quotidien réunissait chaque soir, autour du cerceuil ceinturé de tricolore, les officiers émus, les soldats vite blasés, qui venaient saluer le sacrifice inutile d'un obscur compagnon d'armes.

Mais, malgré la brutale opposition de ces navrantes réalités et des primitifs rêves de gloire, l'entrain de notre race se conservait intact. Un amateur de *foot-ball* avait eu la constance de transporter, depuis la France, un ballon dans son sac ; et, malgré le soleil et la poussière, des équipes infatiguables disputaient avec rage des parties sans fin et de platoniques enjeux. D'autres, comme de grands enfants, jouaient aux barres ou au cheval fondu. D'autres enfin, plus utilitaires, allaient par groupes dans la campagne, forcer à la course les ennemis de leur sommeil. Guidés par un lieutenant, dont le général en chef aurait admiré les inspirations tactiques, ils parvenaient par surprise sur quelque lot de chiens des douars et, par leurs galopades effrénées, ils obtenaient chaque jour un tableau copieux. Cette chasse à courre pédestre était un passe-temps recherché, dont les péripéties excitaient l'envie des impotents.

Dans la kasbah, les soldats du génie avaient de plus graves occupations. Jusqu'alors, Fez s'était trouvé sans communications rapides avec

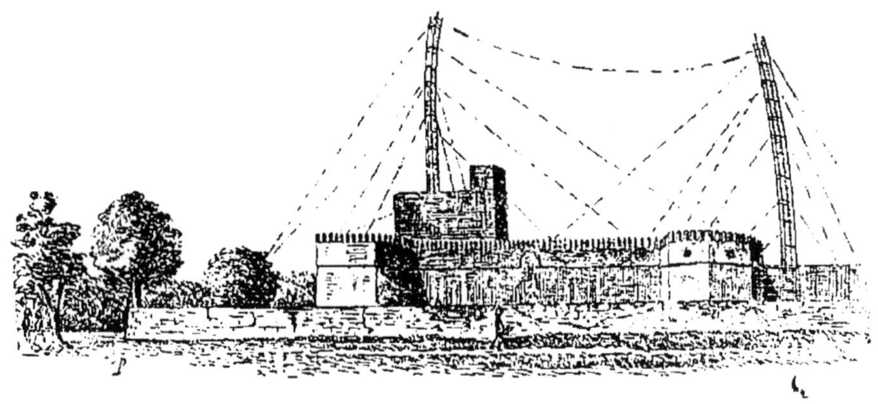

Le présent et le passé :
La télégraphie sans fil à la kasbah de Dar-Debigah.

le monde extérieur. Les variations de la politique rendaient très dangereuse l'indépendance du général en chef, livré comme un Montcalm, un Dupleix ou un Galliéni aux funestes conseils de l'initiative et de la force toute-puissante. Un appareil de télégraphie sans fil venait d'arriver, et son installation exigeait des aménagements compliqués, que l'emploi obligatoire de matériaux improvisés rendait plus difficiles. Des

échelles de bois, ajustées bout à bout, mainte-
nues par des cordes, formaient quatre pylônes
fragiles qui s'abattaient comme des châteaux
de cartes sous le souffle furieux du sirocco. Avec
une patience de fourmis, les soldats recommen-
çaient leur œuvre qui devait étendre sur la forteresse une immense harpe éolienne. En un
coin obscur, sous des voûtes branlantes, un
lieutenant se débattait dans le chaos du moteur
à pétrole, des appareils de transmission et de
réception, que le voyage à dos de chameau
avait mis en piteux état ; mais, grâce à son
habile persévérance, dès le 1er juillet, la liaison
était établie avec l'Algérie, Marseille et la
Chaouïa.

A cette époque, l'argent faisait prime sur le
marché de Fez. Pour la première fois, dans leur
existence errante, les coloniaux voyaient l'or
français se tenir avec peine à hauteur du
pair. Le mellah était inondé de louis dont les
détenteurs indigènes cherchaient à se défaire à
tout prix contre des douros hassanis. Les travaux des moissons, les transactions sur les
récoltes, justifiaient ce besoin immédiat de
numéraire d'argent, le seul qu'acceptent les

campagnards. Mais cette subite invasion des
pièces d'or avait, paraît-il, une autre explication :
le Sultan, disait-on, avait obtenu du gouvernement français quelques avances, pour mettre
fin à la disette pécuniaire dont souffraient sa
mehalla et les services du Maghzen. On chu-
chotait même le chiffre de 4 millions en or qui
s'étaient engloutis sous les voûtes du Nouveau
Méchouar. Cette abondance après la misère
avait troublé la tête un peu faible du souverain
qui vidait ses coffres en orgies, dont ses invités
du *five o'clock water* ne pouvaient imaginer les
prodigalités folles. Musiciens, chanteurs, serviteurs et courtisanes n'avaient qu'à tendre les
mains pour recueillir la manne dorée, distribuée par Moulay-Hafid avec autant de générosité que les condamnations et les supplices.
Et, sur les femmes de son harem, s'amonce-
laient les étoffes chères et les bijoux dont la
rumeur publique exaltait la splendeur.

Dans sa maison fraîche, l'orfèvre juif du
Sultan, barbu comme un patriarche, montrait
avec complaisance les chefs-d'œuvre de son
burin : couronnes aux lignes mérovingiennes,
diadèmes éblouissants et lourds, colliers épais

et robustes comme des chaînes d'esclaves, bracelets ronds ou plats, boucles d'oreilles vastes comme des cerceaux d'enfants, agrafes éclatantes comme des verroteries de traite. La fade odeur du cuivre perce dans l'or jaune des montures, où les dessins informes semblent ébauchés par un apprenti maladroit; des rubis « reconstitués, » mais anémiques, des émeraudes lépreuses mettent sur les joyaux un pâle scintillement de bouchons de carafes. A distance, le ruissellement des gemmes fausses et des métaux truqués évoque la somptuosité d'un trésor de corsaire; vu de près, dans le satin commun et le velours de coton des écrins, il accuse chez le potentat marocain une mentalité barbare de roitelet soudanais. Ce sont, paraît-il, d'anciens bijoux, « vieux d'au moins cinquante ans, » qui passent à la foule et sont accommodés au goût du jour; mais les rubis viennent des creusets parisiens par la voie de Tanger; les émeraudes, dont la couleur disparaît sous des taies blanchâtres, ont dû être serties dans les châsses enlevées jadis aux sanctuaires espagnols ou provençaux; seuls, les émaux, les niellées sont de bon aloi, remis à neuf par des ouvriers qui en ont conservé le secret. Et des prix forts, des tarifs pour sultan, sortent des lèvres narquoises du bijoutier marocain : « 5 000 douros, cette couronne ; 3 500 douros, ce collier », qui semblent ravis à quelque vitrine de bazar.

D'ailleurs, la popularité de Moulay-Hafid dans sa bonne ville de Fez, était insuffisamment relevée par ces largesses. Les amis d'El Glaoui entretenaient doucement une opposition que notre présence rendait inerte, mais qui inquiétait fort le souverain. Il ne se sentait pas en sécurité sous la protection de la petite garnison installée à Dar-Debibagh, et, pour accélérer le retour du général en chef, il ne cessait de faire passer à notre service des renseignements des indications alarmistes sur les projets des tribus au Sud de Sefrou. En attendant, il s'abstenait prudemment de se montrer au peuple. C'est ainsi que, chaque vendredi, les curieux européens qui se massaient devant la mosquée de Bou-Jeloud, pour contempler le cérémonial de la prière du Sultan, étaient déçus par l'absence du principal acteur.

Réunis près de la porte des jardins impériaux,

haletants sous le ciel de tôle en fusion qui transforme en étuve la place bordée de murs, les personnages officiels étouffent dans leurs burnous. Les chevaux, fumants sous la cérémonieuse selle rouge, sommeillent impassibles, tandis que les troupes de la méhalla, vêtues de leur plus beau kaki, forment deux haies qui attendent les commandements des instructeurs français, congestionnés dans leurs tuniques de parade. Si les officiers indigènes, affublés d'uniformes mal coupés, ont avec leurs cheveux longs, leurs mollets de coq, un aspect caricatural, les soldats ont fière allure et manient avec aisance leurs fusils Gras. Dans la mince ligne d'ombre qui borde les maisons, quelques Arabes assis devisent avec indifférence. Derrière la haie de troupes, des touristes en sueur préparent leurs kodaks ; des Européennes, blanches et roses sous leurs ombrelles, questionnent, geignent, et s'exclament en minaudant.

Mais, cachés par la porte close, les cuivres de la musique impériale soufflent les notes traînantes de l'hymne marocain. Un frémissement de baïonnettes court jusqu'à la mosquée. Caïds, pachas et ministres sautent en selle, tandis que, par la porte entr'ouverte, glissent de graves dignitaires tout blancs, un parasol, deux immenses drapeaux rouge et vert que des gardes au fez rouge sanglé de calicot portent avec respect. Terminant le cortège, un gros cheval au poil d'argent, bien calme, dont la housse éclate, est conduit en main par un palefrenier recueilli. Et, sans ordre, entre les soldats immobiles, précédant la monture impériale qui encense avec grâce, dignitaires, courtisans, porte-drapeaux, roulent d'un pas rapide et velouté vers la mosquée où ils s'engouffrent dans un bourdonnement de conversations confuses. « Le Sultan a dû passer par les jardins, explique avec complaisance aux touristes désappointés un sous-officier français, instructeur de la méhalla ; mais, si vous ne craignez pas la chaleur, attendez pendant une heure environ la fin de la cérémonie. Avant la révolte, le Sultan profitait du Salamalik pour voir ses troupes, soit en allant à la mosquée, soit au retour. Il ne saurait manquer plus longtemps à cette tradition. » Et les curieux, qui viennent de loin, patientent sous l'averse de feu, avec l'espoir de contempler un souverain célèbre et de rapporter un cliché rare ;

les indigènes ont disparu, les soldats sont couchés et pérorent dans l'ombre violette qui borde le pied des murs. Une heure passe, lente et lourde. Enfin, la musique abritée dans les jardins, domine de nouveau les crissements des cigales et les bruits de battoirs des cigognes; la foule officielle sort de la mosquée; les commandements se précipitent, et, comme tout à l'heure, les troupes figées rendent honneur au cheval du Sultan. Pas plus au retour qu'à l'aller, Moulay-Hafid ne s'est montré à son peuple, n'a réconforté par sa vue le loyalisme de sa méhalla. Et derrière le cortège débandé, précédées par un « chef de bataillon » étincelant dans son uniforme de velours rouge galonné d'or, les troupes se reforment en colonne, et, d'un pas martial, reviennent vers leur camp.

Elles ont d'ailleurs fort bon air, et la Mission militaire peut être fière de son œuvre, à peine ébauchée[1]. Nos officiers et sous-officiers ont donné

---

[1] Cette appréciation était exacte en juillet 1911. Elle ne l'est plus depuis le mois d'avril dernier. L'armée chérifienne a été démesurément grossie par un recrutement précipité. On a voulu enrôler, sans renseignements et sans garantie des centaines d'hommes dont on ignorait les origines. Ils ont pu ainsi se procurer sans frais, des armes et des

de la cohésion à des recrues pour qui la discipline du rang est une pénible contrainte ; malheureusement, leurs efforts sont contrariés souvent par l'inertie et la vanité des chefs indigènes qu'ils doivent couler aussi dans un moule européen. Les soldats des tabors chérifiens ont de l'entrain ; leur rusticité est précieuse pendant les opérations de police et de répression dans un pays turbulent, dépourvu de ressources. Ils sont fiers de leur uniforme, de leurs jambières, de leurs chaussures, et de leurs vieux fusils Gras qui résonnent comme de la ferraille ; et, s'ils paraissent avoir un peu de sympathie pour les troupiers européens, pour les tirailleurs algériens et sénégalais, ils ont de la déférence pour les officiers du corps expéditionnaire qu'ils saluent de gestes larges et saccadés.

Il serait difficile d'évaluer l'effectif actuel de l'armée impériale. La solde incertaine, les dissensions politiques, les désertions, les travaux agricoles ont vidé les tentes de la méhalla plus

munitions qu'ils ont utilisées à la première occasion favorable. Les intrigues de leurs caïds, mias et rahars qui étaient menacés par la réorganisation projetée, les agissements du Sultan, la haine de l'étranger ont contribué à faire éclater une rebellion dont la signature du protectorat devait donner le signal.

complètement que les tabors de la côte. Cependant, la régénération du Maroc fondée sur la paix intérieure, la force de l'autorité, n'est possible qu'avec une armée indigène nombreuse, bien commandée, bien payée, qui étendra sur le pays un réseau serré de garnisons. 5 000 hommes, disent les uns, 30 000, affirment les autres, sont nécessaires, et la deuxième estimation paraît plus raisonnable. Le Sultan d'aujourd'hui, qu'il soit indépendant ou protégé de la France, doit réduire à l'obéissance des tribus hostiles, des vassaux rebelles ; faire rayonner son autorité hors de la plaine de Fez où les coalitions de haines et d'intérêts viennent la bloquer ; appliquer pour son compte la théorie de la « tache d'huile » d'après nos exemples du Tonkin et de Madagascar. Le temps n'est plus où les méhallas chérifiennes, suivant la comparaison de M. de Segonzac, pourront se contenter de tracer dans les régions révoltées un sillage et non un sillon. Le désarmement progressif des tribus, condition essentielle de la tranquillité publique, ne sera obtenu que par l'action constante de forces locales, toujours prêtes à intervenir dès le premier signal d'effervescence.

Quels que soient l'effectif et la nature des troupes françaises au Maroc, et leur rôle dans la pacification éventuelle, leur œuvre devra toujours être précédée et complétée par celle des troupes indigènes encadrées avec soin. Et si le développement de la méhalla impériale, avec l'ampleur prévue par le lieutenant-colonel Mangin, paraît dangereux pour notre sécurité politique, l'organisation des tirailleurs marocains, sur le modèle de nos Sénégalais, de nos Malgaches ou de nos Annamites, donnera d'excellents résultats ; l'expérience tentée avec les goums de la Chaouïa, comme avec la police des ports, est concluante.

D'ailleurs, l'avenir de l'armée chérifienne considérée comme un organe autonome au Maroc est incertain. Les instructeurs demandés par le général en chef dans le corps expéditionnaire, pour renforcer les cadres de la méhalla, ne se sont pas présentés en nombre suffisant. Les conditions ont paru trop dures aux officiers et sous-officiers que ne trompe plus le mirage de l'éloignement. Un engagement de quatre ans, la prohibition de la famille, l'existence sous la tente, des congés rares, ne semblent pas assez payés par une solde avantageuse mais précaire, par la décoration des ordres de Moulay-Hafid, et surtout par un effacement militaire que la transformation prochaine du régime politique fait prévoir imminent. Si la destinée du pays s'accomplit selon les désirs de la France, l'armée régulière dans un État indépendant rêvée par les instructeurs de la méhalla ne sera plus qu'une troupe de parade analogue à la garde beylicale de Tunis. Et cette évolution inévitable ne plaît pas aux juvéniles ardeurs.

Dans les souks de la capitale, où les marchands roses et ventrus parlent politique en mangeant des pastèques et des raisins, l'incapacité du souverain, ses intrigues puériles où sombrait l'autonomie apparente du Maroc, laissaient la population désormais indifférente. Nos soldats pouvaient circuler librement, et la froideur énigmatique des indigènes s'accommodait de leur exubérance et de leur générosité. Quelques bourgeois entr'ouvraient leurs logis aux officiers qui semblaient jusqu'alors voués aux seules amabilités hébraïques. Ils les conviaient au cousscouss, au *tagin*, égayés par les pas étudiés de danseuses grasses et les mélodies lancinantes d'un crin-crin. Ils étaient prudents et réservés dans leurs conversations et, dédaignant les commentaires sur les combinaisons des chancelleries, ils louaient la tranquillité des routes, la reprise des affaires, l'honnêteté de nos caporaux d'ordinaire et la probité de nos Intendants. De plus en plus nombreux, ils se réclamaient du Consul de France dont l'urbanité, l'habileté, l'influence les captivaient. Nous étions forts, ils venaient vers nous.

Dans la campagne, les douars reparaissaient. Dès les premières lueurs de l'aube, les longues files de bourricots, de chameaux, circulaient sur les routes. Les paysans cultivaient leurs champs autour de nos bivouacs, et les soldats discutaient avec passion sur leurs outils et leurs procédés agricoles. Mais, vers le Sud, dans la direction de Sefrou, la leçon de Bahlil semblait déjà oubliée. Le Sultan s'effrayait des vagues rassemblements de maraudeurs qui paraissaient être le prélude d'une insurrection nouvelle, et tentait en vain de communiquer sa nervosité à notre service des renseignements. Sans être parfaite, la sécurité des chemins n'était guère plus troublée que sur les boulevards extérieurs de

Paris ; et l'aventure de deux Français dévalisés à dix kilomètres de Fez, promenés pendant une après-midi entière dans les vallons où leur dernière heure sembla plusieurs fois près de sonner, ne prenait de l'importance que par l'impunité des agresseurs.

L'installation d'un tabor chérifien à Sefrou faisait partie du plan de pacification ; mais les chefs de la Mission militaire estimaient cette entreprise grosse d'incertitudes et de dangers. Ils souhaitaient la coopération de nos troupes dont la présence suffirait à maintenir dans le loyalisme des soldats pour qui les péripéties de la campagne dirigée par le commandant Brémond étaient encore de trop récents souvenirs. Mais, à Dar-Debibagh, on comptait sur la parole des Beni Mtir qui s'étaient engagés à couvrir Fez contre les incursions des tribus situées au Sud de leurs territoires ; l'éloignement du général en chef et la crainte de complications posaient l'opportunité d'une manifestation offensive comme un problème subtil. L'effectif de la garnison ne permettait pas, d'ailleurs, une de ces démonstrations où la seule exhibition de notre supériorité numérique assu-

rait d'avance le succès : les maladies avaient
déjà fortement réduit le chiffre des hommes
capables d'un effort physique violent et prolongé.

A l'hôpital, l'encombrement augmentait
chaque jour. Il avait fallu abandonner à l'ambulance toutes les salles disponibles, la kasbah de
Dar-Debibagh. Après de longues négociations,
le fils d'un ancien ministre des Travaux publics
nous cédait une belle maison dans le quartier
aristocratique de Fez-Bahlil. C'était la classique
demeure d'un Arabe riche, avec son vaste jardin rempli d'arbres fruitiers, où l'oued Fez
canalisé roulait le chant berceur de ses eaux
torrentueuses. Des fontaines murmuraient dans
les vasques de marbre, et, dans les corps de
logis, les fenêtres aux fins grillages de fer laissaient passer une clarté fraîche ; les chambres
dallées de faïence, les couleurs gaies des pla-
fonds et des murs, le chant des oiseaux, le parfum des orangers, le calme environnant, semblaient faire de cet asile de la douleur une
thébaïde sereine et reposante. Mais l'illusion
durait peu. Dans les salles, une odeur fade
dénonçait les malades trop nombreux ; les

étroites couchettes se touchaient, confondant leurs draps sales, leurs moustiquaires trouées, les plaintes des fiévreux, les sueurs des agonisants. Nul ventilateur ne renouvelait un air saturé de chaleur lourde ; nul morceau de glace ne rafraîchissait les tempes brûlantes ; nulle femme, laïque ou religieuse, ne mettait un sourire maternel dans les visions délirantes ; nul prêtre ne se penchait pour dire des paroles consolatrices et recueillir les dernières pensées des mourants.

Deux médecins usaient leurs forces et leur dévouement auprès des pauvres corps que l'anémie extrême, le paludisme, la dysenterie, la fièvre typhoïde, transformaient en loques douloureuses et minables. Inauguré avec une trentaine de lits, trois semaines à peine suffisaient pour y élever à 140 le nombre des hospitalisés. Et chaque jour, soit amenées sur des brancards, soit portées par leurs jambes flageolantes, de nouvelles épaves humaines venaient remplacer les morts de la veille et les rescapés du matin. Des salles trop petites, les couchettes improvisées débordaient dans les cours hâtivement couvertes de toiles ; trois ou quatre douzaine de typhiques se succédaient dans l'unique baignoire ; et l'on ne songeait pas sans angoisses aux conséquences de la maladie probable qui abattrait à son tour un des deux médecins traitants.

Avec un zèle admirable, ils se prodiguaient sans se plaindre, mais leur science et leur abnégation ne pouvaient parfois suppléer au défaut d'outillage, de médicaments et de personnel. Les apothicaires indigènes de la ville ravitaillaient quelques bocaux de la pharmacie ; des convalescents bénévoles remplaçaient les secrétaires et les infirmiers exténués ; les artisans maures confectionnaient un matériel de fortune ; une banque civile acceptait la garantie de notre consul et consentait une avance de fonds pour la nourriture des malades et l'entretien de l'hôpital, que sollicitait le médecin-chef après avoir épuisé ses ressources personnelles et celles de ses collaborateurs. Mais ces palliatifs insuffisants ne nous donnaient pas une formation sanitaire digne de la science contemporaine, d'une nation riche et d'une armée puissante. On se croyait transporté aux siècles précédents, au temps des Bugeaud, des Villars ou des Montluc. On ne songeait pas sans colère et sans douleur à l'inutilité des enseignements livresques, au contraste de nos misérables moyens et du luxe médical des Russes et des Japonais pendant une guerre en comparaison de laquelle notre expédition marocaine est un jeu d'enfants.

Les transports d'évacuation auraient dû achever les malades qu'une convalescence rapide et la nécessité de faire de la place, condamnaient au voyage de Casablanca ; mais la joie de quitter Fez, le désir de revoir le clocher natal

Un béchamar (conducteur de convoi).

soutenaient contre toute vraisemblance les corps épuisés. La pénurie de personnel était si grande qu'on ne pouvait donner aux convois ni médecins, ni infirmiers. Les évacués s'entassaient au petit bonheur dans des arrabas sans coffrage, sans toiture et sans ressorts, que la maladresse ou la malveillance de leurs conducteurs kabyles transformaient en instruments de supplice raffinés. Cahotés dans toutes les fondrières et sur toutes les roches du chemin, sans abri contre le soleil et les mouches obstinées, sans boissons fraîches et sans paroles amies, ils n'avaient même plus l'énergie de la plainte. Perdus dans le nuage de poussière soulevée par les chameaux, les voitures, les piétons de l'escorte, ils arrivaient fourbus à l'étape, et mangeaient, se couchaient où et comme ils le pouvaient.

A Dar-Debibagh, les cerveaux bouillonnaient. On était sans nouvelles précises des troupes qui avaient accompagné le général en chef dans la direction de Meknès. Leur retour, annoncé tout d'abord dans les premiers jours de juillet, semblait incertain. Les journaux de France, que des colporteurs indigènes venaient vendre autour du camp, publiaient des renseignements contradictoires sur l' « incident d'Agadir », qui compliquait une situation déjà fort embrouillée. On avait l'impression d'être oubliés à Fez, où ne montaient plus, depuis cinq semaines, ni convois, ni approvisionnements. L'Intendance commençait à mélanger farine d'orge et farine de blé pour la préparation du pain ; l'argent devenait rare dans les caisses du Trésor ; les correspondances adressées aux militaires de la garnison n'arrivaient pas à destination et, seules, quelques lettres se glissaient par erreur dans les sacs de la poste civile apportés en trois jours de Tanger. La manifestation grandiose prévue pour le 14 juillet était impossible, et l'on devait se contenter d'une parade militaire très réduite, dont les naïfs escomptaient cependant le succès de curiosité, honorable pour notre amour-propre national.

Dès sept heures du matin, les troupes se rangent sur le plateau. Faute d'artilleurs exercés, les canons du rempart n'avaient pas salué, par les salves traditionnelles, l'aurore du grand jour. A la kasbah, sur la tour du corps de garde, un beau mât fignolé avec amour par les soldats du génie, attend vainement le pavillon que, après de longues réflexions, la crainte de difficultés diplomatiques empêche de hisser ; mais, dans le bivouac des marsouins, un drapeau gigantesque dont un peuplier du Sultan a fourni la hampe est hissé au milieu des acclamations qui accompagnent le cérémonial dû « aux couleurs ». Le camp des mercantis est copieusement pavoisé de petits carrés tricolores qui papillottent au soleil. Vers la ville, face aux jardins impériaux, une mince ligne de baïonnettes immobiles est passée en revue par le commandant d'armes, fatigué, qui l'inspecte au pas relevé d'un cheval fringant. Et l'unique spectateur, pauvre vieillard berbère assis sur son âne, contemple avec stupéfaction le défilé d'une section hors rang, de trois compagnies, d'une section de mitrailleuses, dont cinq clairons hors d'haleine scandent la marche. Par sa simplicité outrée, la cérémonie ne différait guère d'une séance d'évolutions sur un terrain de manœuvres, et cependant les soldats n'avaient jamais eu, dans les plus enthousiastes Longchamp, une allure plus correcte, une attitude plus fière. On sentait que ce 14 juillet, dans la capitale du Maroc, tiendrait une grande place dans leurs souvenirs de Barnavaux assagis.

A dix heures, les officiers de la garnison pénètrent dans un logis situé proche de l'hôpital. C'est le Consulat de France, que nul drapeau ne signale aux étrangers. Les nouveaux arrivants, rustiques sous leurs uniformes fatigués, sont accueillis avec une exquise courtoisie par le Consul, qui échange avec leur chef les congratulations d'usage. Les discours se croisent, récités en même temps par les deux interlocuteurs, dont l'un a l'aisance bénisseuse de « la carrière », et l'autre craint d'oublier trop vite une leçon difficilement apprise : les mots « France, glorieuse armée, sentiments républicains » percent comme des fusées dans la grisaille des voix distraites et le bourdonnement des visiteurs. Rangés dans la galerie qu'un velum tricolore emplit de lumière chaude, le grand rabbin, les princes des prêtres de la colonie juive, drapés dans leurs costumes d'Ancien Testament, s'affirment nos clients et nos protégés naturels. Groupés en cohorte distincte, les représentants européens des intérêts français se complimentent ou se méprisent poliment : les uns ont les figures ouvertes, le regard clair, le verbe communicatif, les accents des différents terroirs de France ; les autres ont les épaules lourdes, le teint basané, les physionomies inquiétantes de « frères de la côte » égarés dans un salon. La mission militaire, au grand complet, où le lieutenant-colonel Mangin, le commandant Brémond, simples et affables, portent avec aisance leur nimbe de héros, jette dans ce ton brouillé de robes noires, de jaquettes grises et de vestons blancs, les ors de ses uniformes, le chatoiement de ses décorations de ses plumets, de ses pantalons rouges et de ses dolmans bleus. Quelques notabilités indigènes, bouffies et roses sous le vaste turban de cérémonie, se donnent sans trop de peine un air aimable, et dispersent au vent des compliments arabes que nul n'écoute et ne comprend. Un éphèbe mince et blond, sanglé dans son bel uniforme d'élève-consul, s'empresse dans le rôle ingrat de jeune fille de la maison : des serviteurs corrects et propres font circuler des assiettes de pâtisseries arabes, délicates et jolies, des coupes de champagne pour les Européens, des sirops pour les Juifs et les Musulmans. Et dans un recoin sombre, des personnages graves déchiffrent des télégrammes, rédigent fébrilement des réponses diplomatiques, et commentent en termes distillés le remplacement de la *Panther* par le *Berlin*.

L'arrêt de nos troupes devant Meknès semblait être la première conséquence de ce coup de force imprévu. Le général en chef avait, en effet, terminé les opérations dirigées contre la kasbah d'El-Hajeb, où il avait laissé en garnison un tabor chérifien pour la surveillance des turbulents Beni Mguild. La jonction, à Tiflet, avec les troupes du général Ditte venues de l'Ouest obtenue après le combat de Souk-el-Arba, permettait d'ouvrir une ligne de communications entre la capitale et Rabat, par Meknès, Souk-el-Arba, Tiflet, Sidi-el-Barraoui, beaucoup plus courte que la route du Nord suivie par les colonnes Moinier et Gouraud pendant leur première course vers Fez. Mais, tandis que les troupes de la Chaouïa, sous le commandement du colonel Branlières, commençaient le châtiment si souvent différé des Zaër, les brigades Gouraud, Dalbiez et Brulard qui, malgré les prélèvements faits pour les garnisons de la nouvelle ligne d'étapes, comptaient encore 3 ooo hommes environ, auraient dû revenir à Fez où le Sultan les attendait impatiemment. Or, les projets primitifs d'une revue à grand spectacle pour le 14 juillet, suivie d'une expédition définitive vers Sefrou menacée par les Aït-Ioussi toujours rebelles, étaient devenus gênants pour notre gouvernement. L'objectif avoué de notre intervention était atteint depuis longtemps :

nous avions débloqué Fez, délivré les colonies européennes, rétabli l'autorité de Moulay Hafid en détruisant le pouvoir éphémère de Moulay-Zin. Nos troupes continuaient pourtant à sillonner en tous sens le Maroc et leur action semblait servir une politique nouvelle. Profitant des circonstances, l'Allemagne faisait aussi entrer la sienne dans une phase inopinée. En attendant une résolution, nos troupes restaient immobilisées à Meknès. Le pacha de la ville, dûment stylé par un de ses conseillers, protégé allemand se hâta d'exploiter notre sage réserve que sa mentalité d'indigène accoutumé au respect de la force lui faisait prendre pour de la pusillanimité.

Nous n'étions pas dans une « colonie », et l'on nous le faisait bien voir. Jonglant avec nos scrupules, les agents du Maghzen tissaient autour de nos demandes un tissu d'impossibilités. C'était notre hôpital, à l'étroit dans une maison indigène, dont les refus de location d'immeubles voisins et inhabités empêchaient l'agrandissement ; c'étaient nos soldats privés d'une paille de couchage qu'on ne pouvait obliger les paysans des alentours à vendre ; c'étaient nos bivouacs installés sur un sol de sable et de détritus, dans une atmosphère de poussière et de miasmes, à côté des immenses bâtiments de l'Aguedal et de Dar Beida qu'on n'osait utiliser ; c'étaient les roseaux, les tiges d'aloës, innombrables dans la campagne environnante, qui auraient donné les matériaux pour la construction d'abris provisoires, plus confortables que la petite tente, et qu'on déclarait gravement intangibles et sacrés. Devant cette ville que nous avions sauvée, six semaines auparavant, du pillage et du massacre, nous campions inertes et timides, voués aux ricanements des « bouchaïds » et des « meskins », aux voleries effrontées des mercantis, aux ironiques objections d'un pacha.

Un jeune ménage parisien, M. et Mme de la Charrière, qui accomplissait au Maroc un voyage de noces peu banal, s'en étonnait ingénument. Après une tournée dans la région de Tarant, le zélé secrétaire du comité de l'Afrique française et sa femme étaient venus dans la zone d'opérations et suivaient en curieux nos troupes qui, depuis Rabat, les protégaient sur la nouvelle ligne d'étapes. Ils comptaient les accompagner jusqu'à Fez, mais notre arrêt à Meknès les immobilisait

dans notre camp. Ils en profitaient pour visiter
la ville et pour laisser dans les popotes qui se
les disputaient, le souvenir d'une connaissance
parfaite des choses marocaines, et d'une grâce
spirituelle et bien habillée. On promettait aux
officiers de passage les plus merveilleuses attrac-
tions en les prévenant avec obligeance : « Il y
aura des légumes, des fruits, un monsieur et
une dame ! » Dans l'attente de ces délices, les
rasoirs sortaient de leurs étuis, les limes à
ongles de leurs nécessaires ; on retrouvait dans
les flacons quelques gouttes d'essences rares,
dans la cantine le kaki des grands jours. Et
dans une salle à manger de roseaux, devant
une table frugale mais égayée de fleurs sauvages, les caprices d'une conversation où — puissance de magique de la femme — chacun étince-
lait d'enjouement, d'esprit, faisaient oublier pendant quelques heures les sempiternelles discussions de service, de mérites, de récompenses
et de passe-droits.

A l'Ouest de Meknès, le pays, déjà dépouillé
de la parure fugitive du printemps, étend jusqu'à la mer ses plateaux brûlés de cailloux et

de sable, où de nombreux troupeaux tondent une herbe jaune et rare. Les tapis de fleurs ont disparu comme les libellules et les papillons. Une teinte uniforme, d'un gris rougeâtre et sale, couvre tous les lointains du paysage, infini et plat comme l'Océan. Sur la piste poussiéreuse où les « convois-navettes » semaient les cadavres de leurs chameaux, les indigènes circulaient nombreux et affairés. Ils allaient, poussant leurs ânes, leurs femmes, leurs mules, qui pliaient sous le poids des œufs, des pastèques, des objets de pacotille, destinés à garnir les étalages des mercantis. Par places les touffes vertes des palmiers nains disparaissent, chassées par les champ maigres ; quelques figuiers, dans la coupure abrupte d'un ravin, abritaient une source fraîche, qui se perdait dans une « daya » au sol craquelé ; vers le Nord, la forêt de la Mamora soulignait d'un trait sombre l'horizon lointain ; vers le Sud la déchirure de l'oued Sebou se devinait aux vapeurs légères qui mettaient une gaze matinale sur la silhouette crue des monts. Du ciel chauffé à blanc, tombait une chaleur lourde que le souffle du sirocco rendait plus épuisante. La brise marine mourait sur les pla-

teaux de Tiflet, où une grosse garnison pana-
chée s'installait « pour surveiller les Zaër ».

Dans les postes de la route d'étapes, une
fantaisie capricieuse avait composé les détachements d'occupation. Les traditions, les aptitudes particulières aux principales troupes du
corps expéditionnaire s'y affirmaient avec leurs
différences, profondes comme des abîmes :
« Vous autres, coloniaux, vous aimez le confortable » était la critique initiale posée comme un
axiome par les officiers d'Algérie dans les discussions de principe avec leurs camarades marsouins ou bigors. Ils semblent surtout soucieux
de maintenir intact leur prestige bien établi, de
durs-à-cuire africains, en exagérant le mépris ou
l'indifférence pour le casque en liège, les appareils à filtrer l'eau, les arbres qui ombrageraient
les bivouacs, les kasbahs qui rendraient possi-
bles les cantonnements, les machines à glace
dans les hôpitaux, les ventilateurs dans les bâtiments surchauffés, le bien-être des valides, des
malades et des convalescents. Ils narguaient
« la vie large des colonies » qui leur apparais-
sait comme une série de courtes villégiatures
dans les Saïgon, Hanoï, Tananarive, Pékin et

Dakar, où les soldats français boivent conti-
nuellement l'absinthe, se font véhiculer en
pousse-pousse, ont pendant les marches des
boys pour le transport de leurs sacs, tandis que
les officiers perdent leurs facultés dans les
fumeries d'opium, les joies d'une luxure savante,
les douceurs d'un luxe raffiné.

Naturellement, dans les deux camps, les dis-
coureurs plus jeunes étaient les plus affirmatifs,
ceux dont l'inexpérience indiscutable s'accordait
le mieux avec les opinions acerbes et les juge-
ments sans appel.

Dans la grande famille militaire algérienne,
le « tirailleur » est l'aîné, le « légionnaire » est
le cadet, le zouave est le cousin pauvre, et le
« joyeux » est un parent qui a mal tourné. Les
tirailleurs algériens sont réputés pour leur
aptitude à « marcher la route » chargés d'invraisemblables sacs ; ils combattent avec la fougue
et la bravoure innée aux Arabes dont ils sont les
descendants plus ou moins métissés. Rustiques
et sobres, ils forment une troupe excellente
pour les opérations de guerre dans l'Afrique du
Nord, car ils savent vivre dans l'abondance là
où les Européens seraient incapables de subsister

sans les convois de l'Administration. Par instinct de nomades, ils aiment l'existence sous la tente, les randonnées à travers les sables ; ils s'accommodent aisément de la misère des bivouacs, des terrassements qui entourent leurs camps de fortifications imposantes. Malgré leur impassibilité naturelle, ils éprouvent souvent pour leurs chefs un dévouement sans bornes, et le prouvent par de touchantes attentions. Mais, d'après ce qu'on a pu observer au Tonkin et à Madagascar ils ne sont guère une troupe d'exportation ; ils paraissent inaptes aux besognes qui exigent de l'ingéniosité, de l'adresse ou de l'application ; ils sont d'esprit indolent et lourd. On en chercherait vainement dans les formations sanitaires comme infirmiers, dans les bureaux comme copistes, aux subsistances comme employés, dans les services comme ouvriers d'art.

Plus pittoresques, plus intéressants peut-être sont les tirailleurs sénégalais. Leur réputation de combattants n'est plus à faire après l'épopée de leurs triomphes sur des adversaires tels que Ahmadou, Behanzin, Samory, Rabat et Doudmourah. Ils marchent et bataillent aussi bien que le meilleur soldat du monde ; mais à la rusticité du noir, ils ajoutent la souplesse assimilatrice de leurs instructeurs coloniaux. En quelques jours, sur le terrain caillouteux où doit s'élever un poste délimité par une tranchée sans prétention, ils font jaillir un village original et coquet. Si le bois manque, les stipes d'aloès forment des charpentes solides et légères. A défaut d'outils, les « fourches » des branches, ou les liens de fibres, de ficelles, de fils de fer arrachés aux vieux récipients de l'Administration, assurent des assemblages ; la paille d'un champ voisin, l'herbe sèche d'une « daya » donnent la toiture et les murs, impénétrables aux pluies les plus violentes comme aux soleils les plus ardents. Le ruisseau qui serpente au fond du ravin s'étale dans des bassins hiérarchiquement étagés, d'amont en aval, pour les tirailleurs, les chameaux, les chevaux et les blanchisseuses. Un suintement dans la berge est fouillé, aménagé, s'orne d'un tuyau en fer

Construction d'un abri.

blanc découpé dans une caisse à farine, et devient une fontaine jaillissante réservée aux Européens. Un jardin potager se développe au bord de l'eau ; d'un four construit avec des briques crues sort, pour les gradés français, le pain frais quotidien. Pendant les heures chaudes où le guerrier le plus farouche est inactif, l'école mutuelle rapproche chefs et soldats. Aussi faut-il s'attendre à voir les tirailleurs sénégalais rendre de grands services là où les écartaient d'abord des préventions injustifiées. L'œuvre de pacification n'aura pas de meilleurs ouvriers : leur organisation particulière les a préservés des *impedimenta* de l'européanisation. Les problèmes de leur entretien et surtout de leur nourriture sont très simplifiés. Les convois restreints qui les accompagnent leur permettront d'aller partout, de déconcerter par leur mobilité les guerriers les plus agiles, sur lesquels leur courage et leur entrain endiablés exerceront bientôt le même ascendant que dans l'Afrique centrale ou à Madagascar.

Pour des raisons de sentiment ou de politique, zouaves et légionnaires ont joué un rôle assez effacé dans le deuxième acte de notre intervention au Maroc. La composition de la troupe où les rengagés sont en minorité, l'époque des opérations actives trop voisine de la libération de la classe, la nécessité de conserver au 19e corps, en cas de complications la majeure partie de ses effectifs français, ont certainement contribué à ne faire donner aux zouaves que l'importance d'une députation dans l'assemblage bigarré de notre petite armée.

Des légionnaires il n'y a rien à dire qu'on ne sache déjà. Ces braves soldats nous rendront d'excellents services. Sans partager le snobisme de ceux qui les considèrent comme l'élite indiscutable de l'armée française, tout observateur impartial doit reconnaître qu'ils sont, pour l'affaire marocaine, l'élément européen le plus précieux des troupes d'Algérie. Ils ont, avec un esprit de corps intense, le savoir-faire universel des hommes qui ont beaucoup vu et beaucoup retenu. En peu de temps, un détachement de la légion livré à lui-même, loin du télégraphe, des schémas, des instructions et des prescriptions de l'autorité supérieure, fait sortir de terre un domaine rural, confortable et bien administré. Le respect fétichiste des traditions « africaines » lui donne souvent l'aspect anguleux des ouvrages copieusement fortifiés, mais le jardin potager se réserve une place considérable ; un troupeau est constitué avec soin ; la basse-cour se peuple, car la variété dans l'alimentation est la meilleure hygiène préventive du soldat européen en pays exotique. Autour du poste, au hasard des randonnées et des conversations, les officiers dressent une carte sommaire de la région. Les troupiers attendent, dans la douce quiétude des occupations champêtres, le retour imprévu des jours glorieux : le bouvier, le jardinier, le charpentier, le maçon, le surveillant des travaux de routes décrochent alors leur fusil et, bravement, vont chercher dans un ravin, derrière un buisson, au pied d'un mur, la balle qui met fin brusquement à leur obscure et changeante existence.

Les coloniaux proprement dits, marsouins et bigors, essaiment dans nos colonies les cadres de toutes nos formations indigènes, qu'ils pétrissent à leur image. Ils pourraient prendre pour devise : immobiles dans la mobilité, car leur rêve est, en général, de passer tout le temps réglementaire de séjour outremer sur le coin de terre où le sort les envoie. Ils s'attachent au poste qu'ils ont fondé ; perfectionnent ou complètent avec adresse l'œuvre de leurs devanciers. Au mépris traditionnel de notre race pour les fossés, les parapets et autres scientifiques manigances, il joignent une adresse manuelle de « maîtres-Jacques » et l'amour des aménagements ingénieux et simples qui caractérise la Légion. Mais ils ont, en outre, deux passions impérieuses : l'école et le marché. Un vrai colonial ne serait pas heureux si quelques douzaines de marmots noirs, jaunes ou bruns ne zézayaient pas, dans une case en torchis et couverte en paillottes, les éléments du français qu'un instituteur bénévole, recruté dans la garnison, enseigne avec patience. Le marché, enfin, aligne ses hangars sur la place du village, et devient promptement un centre d'affaires achalandé, que des chemins nombreux, bien entretenus, pourvus de ponts rustiques, rendent accessible en toute saison. Le chef se plaît dans ses bâtisses, entre sa briqueterie et ses fours à chaux ; il administre, commande, surveille la justice indigène, réprime l'avidité des notables, et le « régime militaire » si décrié n'est, en réalité, qu'une autorité patriarcale acceptée sans résistance par tous. Dans leurs fréquentes tournées, officiers et sous-officiers parviennent à connaître les moindres sentiers, les principales familles de la région ; ils étendent partout notre protection tutélaire, le charme de notre humeur facile et de notre simplicité. Les vieux chevronnés règnent dans les annexes de la ferme modèle qu'est un poste colonial ; ils y retrouvent leurs occupations de paysans et d'ouvriers. Ils jouent avec les enfants, plaisantent avec les femmes, bavardent avec les hommes, fondent parfois une famille et se font parfois libérer dans une région qu'ils aiment, où ils sont connus, et dont ils deviennent les premiers colons.

*
* *

Des trois postes qui jalonnaient la route de Meknès à Rabat, Tiflet était le plus important. C'était aussi celui où, malgré la cordialité des relations personnelles, la verve et la malignité des critiques réciproques s'exercent avec le plus indiscutable à-propos. Les officiers des corps secondaires, spahis, chasseurs d'Afrique, artilleurs et médecins étaient pris comme arbitres, et, dans les tournois oratoires entre l'école coloniale et l'école algérienne, amusés, marquaient les coups.

Le colonel du régiment sénégalais n'avait pas, à Tiflet, un seul de ses tirailleurs ; mais il commandait la garnison, qui comprenait un bataillon algérien, un bataillon colonial, une batterie coloniale, un escadron mixte de chasseurs d'Afrique et de spahis avec trois capitaines, un goum à cheval, un dépôt de remonte, un détachement du génie, une ambulance : c'était sans doute pour faire oublier le capitaine de cavalerie placé à la tête d'une compagnie sénégalaise pendant la colonne du Tadla, et d'autres exemples aussi fameux. On voulait en finir complètement avec les Zaër qui n'étaient pas encore « châtiés », et, sur le plateau raviné par l'oued Tiflet, cette troupe imposante attendait les événements. La rumeur publique des camps affirmait bien que les irréductibles Zaër souhaitaient ardemment notre attaque pour tirer quelques coups de fusil, afin de sauver l'honneur, et demander ensuite l'aman. Mais, depuis la malheureuse affaire où deux officiers et un sous-officier français avaient trouvé la mort, on ne pouvait croire à un dénouement si banal et si marocain. La colonne Branlières, arrêtée brusquement après son arrivée à la casbah de Merchouh, se reconstituait avec des effectifs importants, pour refouler par une poussée énergique les Zaër hors de leur forêt. Le général en chef, lui-même, devait diriger l'ensemble des opérations qui allaient en outre mettre en mouvement les troupes disponibles de la région de Rabat, commandées par le général Ditte en personne. Et l'on comptait écraser ainsi les dernières tribus dissidentes, que la garnison de Tiflet empêcherait de se réfugier chez les Zemmour où les émissaires diligents signalaient des traces d'agitation.

En prévision d'une lutte acharnée, le poste s'agitait comme une fourmilière. Dès quatre heures du matin, ce n'étaient que détachements de travailleurs affairés, pelles et pioches en mouvement. Les parapets renforcés dressaient sur le sol chauve leurs arêtes rectilignes, coupées par les silhouettes de canons qui tendaient dans le vide leurs cous inquiets. Pendant la nuit, des sections entières, enroulées dans leurs couvertures, dormaient dans les tranchées, prêtes à tout au premier appel des sentinelles. Officiers et sous-officiers de quart se succédaient d'heure en heure, et leurs rondes silencieuses mettaient des cauchemars de fantômes dans les rêves des dormeurs. Mais sur la campagne muette, piquée de lumières lointaines, nul souffle ne passait, dénonçant le bruissement des pieds nus, les chuchotements étouffés d'ennemis aux aguets. Dailleurs, la présence de mercantis cosmopolites, berbères, arabes, européens, dont les tentes dessinaient près du poste un village naissant, était un gage de paix durable, et d'inviolable sécurité.

Du vallon qui séparait les bivouacs des Algériens et des coloniaux, des hennissements douloureux montaient chaque matin, à l'heure de visite vétérinaire. Le dépôt de remonte mobile, et l'infirmerie des chevaux et des mulets y parquaient des corps de bêtes qu'on aurait crues échappées de l' « Ile du docteur Moreau ». Les colonnes, disloquées après l'ouverture de la ligne d'étapes, avaient laissé là leurs animaux impotents et fourbus. Côtes saillantes, yeux pluvieux, corps gros comme des loupes de chênes, abcès profonds comme des cuvettes, pattes flageolantes disaient le surmenage incessant, les pansages oubliés, et défilaient devant un vétérinaire zélé mais impuissant. Pas plus que le personnel du grand Corps, les parents pauvres du service de santé ne possédaient les moyens d'exercer utilement leur art. On avait bien pensé à charger, sur des convois de cha-meaux, l'orge importé à grands frais d'Algérie pour la nourriture des chevaux et des mulets du Corps expédition-naire, dans un pays agricole où les réserves de grains sont infinies ;

A l'infirmerie vétérinaire.

mais on avait oublié que ces animaux pourraient avoir besoin de soins longs et compliqués. Harnachés, sellés ou bâtés dès trois heures du matin, ils avaient tiré ou porté sur des pistes invraisemblables, pendant des journées entières, sans autres repos que les à-coups de la marche, les stationnements précaires du combat ; les mulets, confiés à des conducteurs insouciants ou maladroits, avaient fléchi sous des charges mal équilibrées, sans cesse accrues par les sacs des éclopés et des traînards. Pendant toute la période des opérations actives, les bêtes, comme les hommes, avaient peu dormi, bu et mangé au hasard ; la pénurie d'animaux haut-le-pied les condamnait à servir jusqu'à l'usure complète de leurs forces, jusqu'à ce que leur dos et leur poitrail ne fussent plus qu'une plaie sanglante. En un mois de marche, le quart des chevaux et des mulets était mort fourbu ; un nombre égal attendait, dans les infirmeries installées en plein air, une improbable guérison.

Les antiseptiques, les cautérisants, l'ouate manquaient. Le vétérinaire en était réduit aux pauvres ressources des cantines de troupes montées, de sa trousse personnelle et de son ingéniosité. Il collectionnait les boîtes de conserves vides pour confectionner des bocaux pharmaceutiques, transformait en seringues les bouteilles d'eau de Vichy et se confondait en exclamations touchantes quand, d'une caisse d'approvisionnements expédiée par les services de l'arrière, il extrayait deux kilos de sulfate de soude et trois paquets de coton. Il regrettait qu'une association féminine, une Société Protectrice n'eût pas songé, par des dons volontaires, à procurer, elle aussi, quelques gâteries aux animaux en campagne, plus malheureux encore que les soldats.

M. de Valence, le secrétaire général de la Croix-Rouge, venait en effet d'arriver à Tiflet. Débarqué à Tanger, il avait visité les malades dans les hôpitaux et ambulances de Fez, Meknès, Souk-el-Arba ; il avait écouté leurs plaintes et leurs désirs. En même temps, un délégué de la Société convoyait, depuis Casablanca, une caravane de douceurs pour les troupes, et les distribuait dans les garnisons. Le Comité directeur jugeait, avec sagesse, que ses envois arriveraient plus sûrement à destination, s'ils n'étaient pas abandonnés sans défense au formalisme de l'administration militaire, à l'indifférence ou aux convoitises d'intermédiaires peu scrupuleux. Le voyage de M. de Valence devait mettre fin à des abus discrets, analogues à ceux que nous connaissons dans la répartition des souscriptions nationales faites en faveur des victimes de désastres sensationnels. Phénomène tout nouveau, le partage des colis estampillés de la Croix-Rouge ne fut pas le prétexte de réflexions narquoises, d'observations aigres, de

commentaires désabusés. Paquets de tabac,
cahiers de papier à lettres, boîtes de lait, d'eau
de Cologne, cigarettes et savons, pots de confitures et tablettes de chocolat ruisselaient en
cascades dans les couvre-pieds étendus sur le
sol. Ébahis et muets, les soldats étaient éblouis
par de telles largesses ; il comparaient cette
abondance aux ballots flasques et maigres qui
s'échouaient parfois dans les postes du Tonkin
ou de Madagascar. Puis, la joie se fit exubérante, et la pensée de tous s'envola vers les
femmes françaises, en bruyantes exclamations.
M. de Valence, ému, ne pensait plus aux fatigues de son voyage en contemplant ce bonheur.

Mais tandis que, lassées d'une façon paisible,
les troupes exécutaient sans entrain les travaux prescrits par le commandant du poste
pour une installation définitive, que s'aména-
geaient lentement abreuvoirs et fontaines, pis-
cines et lavoirs, que des équipes en sueur préparaient briques, poutres et chevrons, traçaient
des routes et creusaient des « feuillées » mo-
dèles, des télégrammes mystérieux couraient
entre Rabat et Tiflet. Enfin, un beau soir, la
grande nouvelle éclata : sauf les cavaliers et les

artilleurs indispensables, les indigènes Algériens et Sénégalais garderaient seuls la ligne d'étapes; les troupes blanches iraient prendre leurs « quartiers d'été » en Chaouïa.

Jugeant leur œuvre terminée, songeant aux nécessités de la « relève » dans nos possessions lointaines, les coloniaux en conclurent aussitôt que l'heure du retour prochain en France avait sonné pour eux. Certes, marsouins et bigors avaient besoin de repos; ils avaient fourni un effort considérable dans le « circuit des capitales » qui les avait promenés de Fez à Meknès. Ils avaient, en moins de quarante-huit heures, quitté leurs garnisons si provisoires de Paris et des ports pour une expédition que les pronostics annonçaient pénible, mais rapide; leurs affaires de sentiment et d'intérêt avaient souffert d'un départ aussi imprévu; leur caractère et leur vigueur n'avaient pas supporté sans dommages les contrastes, les fatigues et les privations accumulées de la campagne. Aussi, ravis d'aise à la pensée de l'embarquement prochain, officiers et soldats font avec enthousiasme leurs préparatifs de départ.

Des chameaux du service des transports

militaires, par centaines, reviennent à vide vers la Chaouïa. Une batterie de bigors, deux bataillons de marsouins, divers détachements coloniaux, composent seuls la première colonne qui leur sert d'escorte. Puisqu'on est entre soi, ce n'est plus la peine de faire assaut d'endurance. Sacs et couvertures sont donc confiés aux « béchamars » et aux « sokkras » et, pendant que les servants se prélassent sur leurs caissons, les fantassins allégés de leur fourniment marchent allègrement sur la piste sablonneuse. Un va-et-vient continu d'indigènes pressés, de femmes voilées, de marchands placides, égaie la route et confirme la tranquillité de la région. Des pasteurs à l'allure biblique cessent de surveiller leurs troupeaux, pour contempler le défilé des troupes, et restent impassibles sous les lazzis qui les saluent. Des adieux plaisants sont adressés aux vestiges puants des cadavres semés par les caravanes, aux sources boueuses qui déçoivent les gosiers altérés, aux chênes-lièges rabougris de la forêt qui s'avance vers la route, aux aloès qui dressent autour d'un tombeau leurs sabres menaçants. Puis, l'enthousiasme s'engourdit sous la chaleur lourde et, sans entrain, dans une poussière épaisse, la colonne atteint le poste de Sidi-el-Barraoui, officiellement dénommé Camp Monod, en souvenir du lieutenant tué dans l'échauffourée où le général Ditte faillit être pris par les Zemmour. Elle dépasse le ruisselet qui étincelle dans le ravin tout proche, et s'installe au bivouac.

Des zouaves mélancoliques, assis sur le parapet, regardent passer les chevaux haletants, les soldats poudreux. Ils sont « de la classe » et pensent que leur tour viendra bientôt de quitter ce pays morose dont ils n'ont vu que les garnisons côtières, les plaines désertes et les plateaux caillouteux. Des tirailleurs sénégalais, conduisant des arrabas chargées de paille, de chênes-lièges noueux, reviennent de la forêt où leurs « corvées » vont chercher les matériaux principaux des cases qui poussent comme des champignons sur la vaste superficie du camp. Ils croisent au passage des officiers, des sous-officiers coloniaux, et leurs yeux brillent, leurs dents éclatantes rient dans leurs faces puériles : ils ont reconnu quelques-uns de leurs anciens chefs du Tchad, du Congo, de Madagascar ou de Tombouctou. Et, avec une joie de bons chiens, ils s'avancent, la main tendue par une cordiale familiarité qui surprend toujours les officiers algériens, plus distants et plus cérémonieux dans les rapports avec leurs « turcos ». Ils s'enquièrent avec sollicitude, évoquent les souvenirs communs et lointains; puis, satisfaits, ils rejoignent leurs compagnons et jacassent avec volubilité, en expliquant l'heureuse rencontre. En les voyant, Bambaras, Toucouleurs, Dahoméens, Ouolofs, adroits, rustiques et gais, fusionnés dans le fétichisme de leurs costumes de tirailleurs et dans un dévouement religieux pour leurs chefs, on s'explique l'enthousiasme causé chez tous les « coloniaux » par la création projetée de l'« armée noire ». Et dans leurs conversations avec les profanes, avec l'ardeur et la foi d'apôtres, ils citent, pour les gagner à la cause, des faits de bravoure et d'héroïsme effarants, dont les sceptiques ont pu voir à Rabat un impressionnant exemple : des tirailleurs sénégalais montaient la garde autour du fort allemand pour éloigner les curieux et les indiscrets pendant la destruction des poudres qui se termina par une catastrophe récente ; sous la poussée de l'explosion, ils sont renversés ; sans émotion apparente, ils ramassent leurs armes, se relèvent, et reprennent au pas cadencé leur faction.

Ils ne sont pourtant pas très satisfaits de leur séjour au Maroc, les braves Sénégalais. Le régime patriarcal n'y est pas en honneur, et leur organisation familiale a paru contraire aux plus saines traditions. La surprise fut grande à Casablanca, lorsqu'on vit débarquer les bataillons avec leur cortège de « moussos » et d'enfants : « On n'est plus au temps des Huns ou des Tartares, pour aller ainsi en guerre, et la place des familles n'est pas prévue dans les ordres de marche », remarquaient aigrement des militaires pointilleux. Et ces femmes, dont plusieurs avaient fait dans nos rangs le coup de feu pour remplacer leurs maris blessés, qui avaient pris part à nos randonnées dans les immensités du Centre africain, jugées inutiles et encombrantes, ne sont pas autorisées à jouer, derrière nos colonnes, leur rôle habituel de cuisines roulantes, sur les pistes relativement courtes du pays marocain. Au Camp Monod, comme à Sidi-Gueddar, à Fez, à Meknès, les tirailleurs sénégalais obligés de souscrire une délégation pour l'entretien de leur ménage disloqué, déracinés de leurs coutumes, privés de la vie de famille, regrettent leurs postes lointains du Niger ou du Ouadaï, et ne parlent plus de « rengager ».

Le 10 août, dans la nuit étoilée, les troupes quittent leur bivouac. C'est la dernière étape vers Rabat, et la traversée de l'oued Bou-Regreg promet une arrivée tardive. Mais les loustics ont semé dans les rangs des prévisions rassurantes : des bateaux sont en rade, attendant batteries et bataillons, qui seront embarqués aussitôt pour Casablanca, et peut-être même pour la France. Et les naïfs, les désabusés, les éclopés, qui, malgré les démentis répétés de l'expérience, éprouvent toujours le besoin de se raccrocher à quelque consolant espoir, bénissent l'autorité prévoyante dont la sollicitude les séduit. La brise qui passe, légère, emporte avec des senteurs d'Océan des refrains allègres de chansons. Une blancheur paraît vers l'Ouest, fondue dans le bleu pâle du ciel : c'est la lumière éclatante du soleil qui se reflète sur les plages lointaines, sur les maisons de Rabat et de

RABAT

Salé. Mais, du sommet d'un coteau arrondi qui ferme l'horizon, des cris joyeux ont retenti : « La tour Hassan ! la mer ! » Tous se hâtent vers ce but qui leur fait oublier soudain les espaces vides et les immensités mornes, les paysages chauves et les sols brûlés, les rochers de Sisyphe, des changements de postes, les navettes sans attrait des escortes de convois. Là-bas, les terrasses, les minarets, les murs plaquent, malgré la distance, des touches brutales de céruse dans le vert cru des jardins ; une buée rousse monte du sable surchauffé, danse devant les navires à l'ancre et l'écume des flots.

Sur la plage, la foule grouille. Une ville de marabouts, de baraques en planches, couvertes de tôle ondulée, flamboie au soleil. C'est le camp des zouaves et des artilleurs, des subsistances et des tringlots. Le vent du large saupoudre sans cesse de sable fin les marmites, les visages, les habits. Sous la toile étouffante, sous le métal brûlant, dans la réverbération aveuglante, officiers et soldats soupirent après la crue prochaine qui les exilera sur la terre ferme, en mettant fin à « l'occupation de Bou-Regreg ». L'abreuvoir, les fontaines sont loin ; les théories d'animaux et de corvées sont des processions de fantômes dans les nuages poussiéreux ; des convois de chameaux vont et viennent, aggravant de leurs pas traînants l'irrespirabilité de l'air. Une pompe poussive cache son corps maigre dans le carré des tentes, comme honteuse de son filet d'eau claire devant l'opulence du fleuve et la majesté de l'Océan.

Au bord de la rive, les troupes ont formé les faisceaux, les conducteurs débâtent leurs mulets, les artilleurs détellent leurs pièces. Avant d'absorber leur repas froid, les hommes se déshabillent prestement, et se précipitent dans les ondes bleuâtres où ils savourent la joie d'un bain dont ils n'ont pas, depuis trois mois, connu le bien-être reposant. Sur les corps noircis par toutes les sueurs de la campagne, l'eau trace d'abord de livides sillons ; puis, sous les frictions vigoureuses où le sable humide remplace le gant de crin du masseur, le rose de la peau reparaît sur les côtes maigres, les ventres concaves, les omoplates anguleuses.

En aval, près des embarcadères, c'est un fourmillement de plantons affairés, de véhicules disparates, d'animaux inquiets et coléreux. Les bourricots adoptés par les soldats fraternisent avec les mulets prudents, les chevaux efflanqués, les chameaux revêches, dans une méfiance tenace des vacillantes embarcations. Le passage est encore aussi incommode qu'au début des opérations, et le mépris du progrès s'affirme dans la durée d'un provisoire coûteux. Depuis plus de quatre mois, l'administration militaire paie 300 francs en moyenne par jour pour la location des barques, l'entretien d'un personnel de bateliers et de surveillants. A cette dépense considérable, il faut ajouter le prix des mulets qui s'éventrent sur les tolets, des chevaux qui se cassent une patte en sautant dans l'embarcation et qu'il faut abattre, des objets engloutis dans le fleuve ; le temps perdu, la complication des mouvements de troupes, sont encore des inconvénients dont on ne devrait plus avoir, depuis longtemps, que le mauvais souvenir. Le transport des pièces d'un pont suspendu, d'un pont de bois ou de bateaux, par exemple, était plus urgent que celui de sacs d'orge ; en un mois une compagnie du génie pouvait installer un moyen de passage indépendant des variations du niveau dans le fleuve, utilisable à

toute heure et en tout temps. Et les économies
réalisées auraient permis de ne pas chicaner aux
troupes leur haute-paie journalière et leur ration de vin.

Enfin, après des heures d'attente, la dernière
compagnie a rejoint les autres sur la rive gauche
de l'oued Bou-Regreg. On est sorti de la
« zone d'opérations » et l'on va fouler de nouveau le sol de la Chaouïa. Bien réduits depuis
leur premier passage, les bataillons traversent
Rabat d'un pas moins élastique mais aussi fier,
pour s'installer sur l'emplacement désormais
invariable des bivouacs, près de la batterie cui-
rassée construite naguère par les Allemands,
pendant le règne d'Abd-el-Aziz. On note au
passage des uniformes nombreux, des tenues
soignées. Les habitués militaires des garnisons
tranquilles et productives ont des regards de
dédain et d'envie pour ces troupes déguenillées,
ces barbes incultes, ces chevelures hirsutes, ces
faces hâves dont la misère nargue leur élégance.
Dans les cafés sans luxe, les boutiques sans
faste, les consommateurs pérorent autour de
l'opale des absinthes, les clients méditent devant de frustes comptoirs. Les phonographes

de pacotille nasillent des rengaines obsédantes ; des enseignes de restaurant invitent aux délices de la cuisine bourgeoise et des plats du jour ; des silhouettes féminines, sans formes et sans grâce, esquissent à l'abri des persiennes mi-closes des gestes prometteurs. L'âme des rues s'est modifiée depuis que nos troupes la trou-blèrent pour la première fois par le tumulte martial de leur entrée solennelle. La présence du général chef de la « zone de l'arrière », l'imminence des prochaines et définitives opéra-tions contre les Zaër, y mettent une agitation, une fièvre d'intrigues qui donnent l'impression du déjà vu. Ce n'est pas encore Casablanca, mais ce n'est plus Rabat. Le charme primitif de la ville a disparu pour toujours.

Sur les terrains dont le Sultan, dûment stylé, réclame soudain l'évacuation ou l'achat, pour liquider la succession d'un oncle longtemps oublié, les bataillons coloniaux plantent leurs toiles minables et fanées. Tout près, la mer se précipite sur les roches avec des grondements qui domineraient la voix des gros canons dis-simulés dans les coupoles du fort voisin. La veille, un tringlot s'est vu happer par une lame furieuse, qui l'a broyé comme un fragile jouet, et maintenant, des consignes sévères, mais justes, interdisent aux militaires les délices d'une pleine eau. Ils s'en consolent en allant contempler le chef-d'œuvre inachevé des ingénieurs allemands.

Au camp, on s'agite et l'on discute les pronostics. La visite du général Ditte est annoncée pour le lendemain. Il va sans doute dire des paroles décisives, exprimer des compliments, annoncer le départ. Sous les tentes, des voix joyeuses chantent : « Nous n'irons plus au bois, les lauriers sont coupés ! » Mais, par esprit d'opposition, des contradicteurs affirment résolument, sur des notes graves, leurs incertitudes au sujet du retour de « Malbrouk ». Des mains actives s'évertuent à rendre quelque éclat aux fusils jaunis, aux cuirs craquelés ; elles recousent des boutons, pansent des déchirures, rendent l'harmonie des lignes aux casques bosselés. On veut se montrer en beauté au chef suprême des troupes coloniales débarquées au Maroc. On veut lui prouver qu'on n'est pas une bande « d'apaches », mais des bataillons de bons soldats, braves au feu, grognards mais durs aux privations ; et que, malgré les faces jaunes et les yeux brillants de fièvre, on accepterait volontiers la suppression du congé de convalescence attendu, pour les bivouacs et les marches dans la neige, là-bas, vers les Vosges ou le Palatinat, après les combats, les marches et les bivouacs sur les plateaux brûlants du pays marocain.

Mais à cette heure du retour à Rabat, les forces physiques des marsouins ne sont pas, hélas ! à la hauteur de leur énergie morale. Et les esprits avertis, les officiers expérimentés ne peuvent se défendre de considérer avec tristesse toute la série des erreurs commises, depuis le début de la campagne, dans l'emploi de ces braves troupes, parties naguère avec enthousiasme de leurs garnisons d'Europe.

La vérité est que les Etats-majors des troupes débarquées au Maroc se sont obstinément refusés dès l'origine à considérer l'expédition marocaine comme une expédition coloniale. Dès l'origine des opérations, un esprit de corps mal entendu a supprimé toute différence entre les deux principaux éléments des forces expéditionnaires : Européens et indigènes d'Algérie. Tandis que les traditions de l'armée coloniale établissent une démarcation bien nette entre les capacités et limites d'emploi des troupes blanches et des troupes de couleur, dont les rôles sont toujours distincts et dont les aptitudes se complètent harmonieusement pour former un incomparable outil de conquête et d'organisation, toutes les troupes envoyées au Maroc, quelle que fût leur origine, ont marché, stationné, et vécu comme si elles n'étaient composées que d'Arabes et de Tunisiens. Les bataillons coloniaux ont été les premiers à souffrir durement de cette assimilation, comme autrefois les corps métropolitains en avaient souffert à Madagascar. L'alourdissement anormal du sac, la longueur des étapes sur des pistes sablonneuses ou à travers des champs couverts de hautes moissons, le retard et parfois la mauvaise qualité des distributions, l'emploi funeste de la main-d'œuvre européenne pour les travaux de terrassement, l'approvisionnement insuffisant des postes sanitaires les ont plus sûrement décimés que le feu de l'ennemi. On a semblé oublier ici que le soldat français, quelles que soient la forme de sa coiffure et la couleur de son pantalon ne marche pas, ne travaille pas, ne dort pas impunément.

Mais pourquoi s'appesantir sur ces réflexions ? A tous, la visite du général Ditte va apporter le nécessaire réconfort. Le général n'a voulu déranger personne. Il a mis pied à terre, loin du camp, pour ne pas attirer l'attention. Et comme un touriste indifférent, dans l'anonymat de son uniforme kaki où les points blancs des étoiles ne sont pas assez brillants pour le dénoncer, il circule à travers les tentes que le réveil remplit d'une bruyante agitation, en chef préoccupé de tâter par surprise le pouls au moral des soldats. Son opinion est faite. Les superbes compagnies, débarquées depuis trois mois à peine à l'effectif de 180 hommes, ont beau être réduites de la moitié ou du tiers par les maladies ; les attelages des batteries, les gros mulets des mitrailleuses ont beau montrer leurs yeux atones et leurs côtes saillantes ; les gradés ont beau regretter leurs foyers et maudire leur destin, la brigade coloniale reste une troupe solide, qui peut faire de grandes choses. Sa foi robuste, le général la communique aux officiers qu'il rencontre et dont les doléances l'étonnent : un repos de quelques semaines, dans les postes sains de la Chaouïa, rendra la force aux corps fatigués ; l'appât des aventures et des récompenses dans les colonnes prochaines conservera vivaces l'énergie et l'entrain.

Le grand chef est parti. Comme un éclair, l'arrêt inattendu a fait le tour du camp. Des récriminations grincent, des imprécations fusent de toutes parts. Soudain, avec la mobilité de notre race, les anciens profèrent des réflexions sages : on sait ce qu'on fait quand on s'engage dans la coloniale ; espérait-on par hasard que le gouvernement allait payer à ses soldats un petit voyage d'agrément au Maroc, et les faire rentrer dans leurs garnisons parce qu'ils en ont assez et que les familles pleurent leur absence ; d'ailleurs, qu'on soit ici ou là, le temps passe tout de même, et ça compte pour la retraite. Et, comme chez nous tout finit par des chansons, la complainte « Malbrouk » entonnée à pleins gosiers fait descendre la paix et la résignation dans les cœurs.

Deux jours après, sur tous les sentiers de la Chaouïa, les troupes se dispersent, en marche vers les paradis qu'on leur a promis. Elles croisent les groupes mixtes, les bataillons d'Algériens et de Sénégalais qui vont les remplacer dans les postes de la ligne d'étapes, les goumiers qui se concentrent à Rabat pour l'ultime châtiment des Zaër, dont les événements devaient modérer la rigueur. Sans étonnement, elles s'installent sous leurs petites tentes, qu'une administration toujours maternelle remplacera, plus tard, par les marabouts traditionnels, dont la ration de vin, supprimée, paiera la location ; elles dorment sur la paille chichement mesurée, remplie des puces inévitables, qui fait regretter la terre dure des bivouacs. Et, satisfait dans son amour-propre par les rubriques ronflantes qui distinguent les détachements de « réserve » et d' « observation », chacun attend dans une inertie toute marocaine, l'heure lointaine du retour en France, ou le rôle escompté dans le troisième acte imminent du drame marocain.

Que ce troisième acte s'achève dans l'indifférence générale, ou que, selon quelques prophètes, il ait en Europe un tragique dénouement, la France peut avoir confiance dans son armée. Nulle autre au monde, à en juger d'après les troupes qui la représentent au Maroc, n'est composée de soldats plus braves, plus ingénieux et plus ardents. Les cavaliers ont la décision rapide, l'amour de l'aventure et l'esprit offensif ; pour les chasseurs d'Afrique et les spahis c'était, à chaque rencontre, un crève-cœur de ne pouvoir charger à fond les guerriers des tribus, dont ils éventaient toujours les emplacements et les projets : les ordres formels prescrivaient d'éviter les pertes et d'exposer un des nôtres à tomber, vivant ou mort, entre les mains de cruels ennemis. Nos artilleurs, qu'ils soient métropolitains ou coloniaux, qu'ils manœuvrent le matériel de 75 ou celui de 65, ont étonné leurs frères d'armes par la vitesse des mises en batterie, l'exactitude dans les appréciations de distances, leur calme sous un feu violent, l'efficacité de leur tir. Quant à nos fantassins, c'était toujours le cœur de la race qui battait sous des uniformes différents. Grognards et dociles, prompts à l'enthousiasme comme à la critique, passant avec sérénité de l'abondance aux privations, de l'inaction des camps au tumulte des colonnes, ils étaient endiablés sous les balles et, dans leur désir du corps à corps ils n'avaient pas besoin d'ordres pour mettre au bout des fusils les baïonnettes, qu'ils considèrent, d'instinct, comme leur meilleur et leur plus sûr argument.

Mais si, dans l'épée que la France étend sur le Maroc, la lame est bonne et bien trempée, on ne saurait en dire autant de la poignée. Comparés aux troupes, les services divers se sont montrés inférieurs par défaut d'adaptation à des conditions imprévues. Le zèle du personnel, les initiatives individuelles, les plus résolues, n'ont pu toujours soulever le poids pesant des routinières traditions. Nous en avons donné quelques exemples qui se présentaient d'eux-mêmes dans le cours du récit, et qui nous paraissent plus expressifs que des dissertations techniques ou des appréciations vagues. Ils imposent une conclusion.

Toute expédition outre-mer doit être considérée comme « une expédition coloniale » et préparée, dirigée, exécutée d'après les principes et par le personnel particuliers à ce genre d'opérations. Tandis que, dans les différentes manifestations de l'activité humaine, civile et militaire, la nécessité de la spécialisation est

un axiome indiscuté, le sort de nos armes, la
vie de nos soldats, les portefeuilles de nos
contribuables ont été trop souvent livrés aux
improvisations de personnalités sans expérience
et sans modestie. La France n'est pas assez
riche en hommes et en argent pour payer par
de copieux crédits supplémentaires, par la
grandeur de ses nécropoles exotiques, la réalisation d'utopies sur la fusion des armées
métropolitaine et coloniale, dont la tribune et
les couloirs du Parlement gardent encore le
souvenir.

APPENDICE I

LES OPÉRATIONS MILITAIRES AU MAROC

(Janvier-Septembre 1911)

I. Situation générale. — L'éventualité d'une campagne au Maroc a dû être envisagée par le gouvernement français dès le mois de janvier 1911. A ce moment, après le meurtre du lieutenant Marchand, du maréchal des logis Hyvert et de leurs goumiers, les Zaër montraient une effervescence inquiétante. En prévision d'une répression qu'ils devinaient prochaine, ils multipliaient les achats d'armes et de munitions sur le marché de Rabat, approvisionné par une intense contrebande. L'arrivée imminente de Moulay-Hafid, le châtiment sévère qu'elle faisait prévoir, surexcitaient les tribus belliqueuses, qui, par comparaison, regrettaient l'autorité débonnaire d'Abd-el-Aziz. Le sultan, d'ailleurs, poussé par le besoin d'argent, n'attendait que la fin des négociations engagées avec le gouvernement français pour entrer en campagne. Il espérait obtenir 17 millions de francs pour la réorganisation des tabors de police et pour la formation d'une armée régulière de 5.000 hommes, que devait instruire la mission militaire du commandant Mangin. Mais, pendant ces pourparlers, la disette pécuniaire du maghzen était extrême.

Autant pour continuer ces prodigalités que pour donner à la France la preuve de ses intentions énergiques et se procurer les ressources nécessaires à la mobilisation

de sa méhalla dont on préparait les cantonnements à
Rabat, Moulay-Hafid destitua plusieurs caïds chez les
Zaër et les Cherarda. Il espérait remplir ses coffres avec
les sommes payées par leurs remplaçants pour l'achat de
leurs charges. Son calcul devait avoir des résultats inattendus.

Les Zaër ne voulurent pas accepter les caïds imposés
par un souverain qu'ils prétendaient vendu aux Français.
Leur attitude fit craindre pour la sécurité de la Chaouïa,
dont les garnisons étaient alors fort réduites. Dès le 16
mars, le général Moinier, chef du corps d'occupation,
était avisé de l'envoi de renforts qui devaient mettre nos
15 postes et nos 300 kilomètres de frontières à l'abri de
toute surprise ; l'organisation d'une petite force mobile
était même prévue pour réprimer, mais seulement dans
les limites de la Chaouïa, les incursions éventuelles des
tribus. Ces renforts qui débarquaient à Casablanca vers
la fin de mars, comprenaient : 1 bataillon de tirailleurs
algériens, 1 bataillon d'infanterie coloniale avec sa section de mitrailleuses, 2 sections d'artillerie de 65. Les
Zaër, intimidés, ne tentèrent aucune agression.

Mais les Cherarda, qui ne redoutaient pas la puissance du sultan, montrèrent plus de décision. Leurs caïds
ayant refusé de se démettre de leurs emplois, la révolte
s'étendit bientôt dans toute la région montagneuse à
l'ouest de Fez. En outre, les tribus limitrophes étaient
exaspérées par les exactions et les duretés du grand vizir
El Glaouï, l'ancien pacha de Marrakech, dont l'appui
avait assuré l'avantage à Moulay-Hafid dans sa lutte contre Abd-el-Aziz, et que ses services avaient rendu tout-
puissant. Beni-Mtir, Oudaïa, Zaïan, Aït-Youssi, Cheraga,
s'unirent aux Cherarda pour refuser l'obéissance au sultan, discrédité dans l'esprit des fanatiques musulmans
par ses relations avec les Européens. On ne lui pardon-
nait pas d'avoir renversé son frère, au nom d'un patrio-

tisme intransigeant, et de montrer moins d'indépendance à l'égard des étrangers que le souverain qu'il avait détrôné.

Vers la fin de février, les courriers du maghzen circulaient avec difficulté entre Tanger et Fez. Plusieurs rekkas étaient capturés et mis à mort avec des raffinements de cruauté. Les douars paisibles étaient razziés. Pour réduire la révolte, le commandant Mangin, chef de la mission militaire, d'accord avec Moulay-Hafid, envoya la méhalla chérifienne, sous les ordres du commandant Brémond, dans le pays des Cherarda. Cette méhalla, composée de 5 tabors d'infanterie, 3 de cavalerie, 2 batteries, prit contact, le 3 mars, avec les Oudaïa. Les combats du 7 mars et du 12 avril n'eurent pas de résultats décisifs. Les révoltés s'attribuèrent même la victoire, et leurs prétendus triomphes hâtèrent l'entrée en ligne des tribus voisines qui avaient « juré la guerre sainte contre le sultan, vendu, disait-on, aux chrétiens, et contre ceux-ci ». (Rapport du commandant Brémond.) Les Beni-Mtir, les Aït-Youssi, les Cheraga, vinrent établir leurs tentes dans la plaine de Fez, et la capitale fut à peu près bloquée vers le 15 avril.

Dans la ville, la révolte menaçait. Les contingents irréguliers, recrutés pour augmenter les forces chérifiennes, n'étaient pas sûrs. De nombreuses désertions ravitaillaient en armes et munitions les assiégeants. Le commandant Mangin se hâta de rappeler la méhalla du commandant Brémond, pour mettre les colonies européennes et le sultan à l'abri d'un coup de main. Après avoir vainement tenté de faire sa jonction avec Boisset, agent consulaire à El-Ksar, qui amenait un convoi de ravitaillement, le commandant Brémond se frayait la route à coups de canon, livrait, le 24 avril, un combat sanglant, et campait sous les murs de Fez le 26. Son arrivée devait permettre de repousser les assauts livrés les 3 et 4 mai, de mater les révoltes partielles dans les troupes, d'intimider les factieux de la capitale, d'ailleurs maintenus dans la crainte d'un bombardement exécuté par les pièces d'artillerie qu'on avait placées dans les deux vieux fortins des environs.

Cependant, malgré leurs insuccès, les révoltés multipliaient leurs tentatives. Ils s'étaient ralliés autour d'un frère de Moulay-Hafid, Moulay-Zin, que Meknès avait proclamé sultan à la fin d'avril, et que le gros centre de Sefrou reconnaissait le 2 mai. La situation politique s'annonçait analogue à celle des derniers temps d'Abd-el-Aziz. Pour faire triompher le souverain qu'elles ont choisi, les tribus redoublent leurs efforts. Le 8 mai, elles coupent la dernière ligne de communication de Fez avec l'extérieur, en occupant le Mtafi ; le 11, elles livrent un assaut général, renouvelé le 18. Le sultan « parlait de fuir sous un déguisement », et la chute de la ville n'était plus qu'une question de jours. Soudain, dans la nuit du 21 au 22, le blocus était levé.

Ce résultat était dû à l'arrivée des troupes françaises. Dès l'origine de la coalition des tribus, notre consul, Gaillard, avait fait des appels pressants. Avec les progrès des assiégeants, ses demandes de secours immédiat invoquaient les obligations de l'Acte d'Algésiras, montraient le danger imminent. Moulay-Hafid proposait un plan d'opération basé sur une diversion tentée par les tribus fidèles des Doukkala et des Beni-Meskin, qu'appuierait une harka levée en Chaouïa par El-Mrani. Mais, avec l'échec de la colonne Brémond et la proclamation de Moulay-Zin, ce projet parut insuffisant. Le 22 avril, le gouvernement français décida l'organisation d'une colonne de secours vers Fez, et l'envoi de renforts considérables dans la Chaouïa.

Nous avions le choix entre deux bases : la frontière oranaise ou la Chaouïa, et deux lignes d'opérations, soit à l'est par Taza, soit à l'ouest par Rabat, le Gharb et la vallée du Sebou. Mais, à l'est, il fallait traverser une région montagneuse, difficile, âprement défendue par les populations, où la zone de l'arrière ne serait desservie que par le chemin de fer insuffisant d'Oudja. A l'ouest une région de plaines, à peine interrompues par le massif du Zerhoun et les contreforts du Tselfat, permettait la marche rapide d'une colonne de secours ; le personnel et le matériel pouvaient débarquer simultanément à Casablanca, Rabat et Mehdya, les transports maritimes ayant d'ailleurs un rendement supérieur à celui d'un chemin de fer. En conséquence, le gouvernement adopta la base de l'Atlantique et confia au général Moinier la direction des opérations qui devaient aboutir à la prompte délivrance de Fez. A l'est, il ordonna au général Toutée de prendre vers la Moulouya une position d'expectative, justifiée par les conditions militaires et politiques du problème que posait notre intervention.

Il en résultait deux théâtres d'opérations : un théâtre secondaire sur les confins orano-marocains ; un théâtre principal, entre la capitale et l'Océan.

II. Opérations de la Moulouya. — Le 19 avril, le général Toutée recevait ses instructions. Il devait, en tenant les tribus du Maroc oriental sous la menace d'une invasion par Taza, les fixer sur leurs territoires pour les empêcher de coopérer, soit au siège de Fez, soit à la résistance contre la marche du général Moinier. En aucun cas, ses troupes ne devaient dépasser la Moulouya. Cette interdiction précise était nécessaire pour arrêter les troupes françaises en deçà des limites calculées par une prudente diplomatie.

Dès la fin d'avril, tous les éléments militaires disponibles dans les confins algéro-marocains sont concentrés autour de Taourirt. Le général Toutée profite de leur réunion pour résoudre la question de Debdou, dont les habitants avaient pris part à des attaques, restées impunies, contre nos troupes pendant les derniers mois de 1910. Deux colonnes envoyées, l'une de Berguent le 30 avril, l'autre de Taourirt le 2 mai, entrent sans coup férir, le 5 mai, dans la ville, et le général y organise aussitôt la police frontière, telle qu'elle était prévue par les accords de 1901-1902 avec le sultan. L'occupation de Taourirt et de Debdou, l'installation de nos troupes au camp de Merada produisent d'ailleurs l'effet cherché. Les Beni-Ouaraïn et les principales tribus orientales accourent sur la rive gauche de la Moulouya, et multiplient les démonstrations hostiles, où facilitait notre passivité voulue.

Cependant, nos détachements sillonnaient les régions limitées par la rive droite. Du camp de Merada, que les Beni-Ouaraïn franchissant la rivière, avaient attaqué deux fois, le général Girardot rayonne autour de Debdou. Malheureusement, une de ces reconnaissances, commandée par le capitaine Labordette, trompée par le brouillard, est surprise dans les montagnes, vers le ksar d'Alouana, et perd 28 morts, dont le capitaine, et 27 blessés ; l'arrivée d'un renfort empêche sa destruction complète. Sur la rive de la Moulouya, nos troupes sont harassées par des alertes continuelles ; les Marocains passent les gués pendant la nuit et viennent tirailler sur nos postes, qui ne peuvent les poursuivre. Quand notre inaction exalte trop la vanité des tribus, quelque démonstration à grand renfort d'artillerie, telle que le bombardement du ksar de Guercif, rappelle pour un temps les guerriers à la prudence. En réalité, nous sommes impuissants contre les meurtres d'isolés, les enlèvements de troupeaux exécutés avec une audace croissante.

L'arrivée du général Moinier à Fez allait permettre aus général Toutée de donner un peu d'air à ses troupes

énervées par cette guerre strictement défensive. Il les
partage en trois colonnes, dont l'une garde le camp de
Merada. La deuxième colonne, sous les ordres du général
ral Leré, défait, après un sanglant combat dans la gada
de Debdou, un fort parti de Marocains qui lui fait
éprouver des pertes sensibles : plusieurs tués, dont le
commandant Roumens, et 20 blessés. La 3e colonne,
commandée par le colonel Henrys, se montre au nord
de Debdou, engage des négociations avec le Beni-Oth-
man, repousse, le 30 mai, une attaque des tribus dissidentes qui demandent à leur tour l'aman. Le général
Toutée leur accorde la paix aux conditions suivantes :
payement d'une indemnité, livraison des fauteurs de
troubles, dépôt des récoltes sur la rive droite de la Moulouya.

La fin des opérations actives est marquée par la pacification du massif montagneux entre Debdou et Taourirt,
théâtre de la surprise d'Alouana, et dont la zaouïa de
Kessasseria est le centre le plus important. Les trois
colonnes organisées dans ce but accomplirent leur programme sans encombre, et leur arrivée simultanée devant
la zaouïa provoqua une demande générale d'amnistie,
qui fut accordée aux conditions habituelles. Nos troupes,
guidées par leurs anciens adversaires, sillonnèrent tranquillement le massif, et la dislocation des forces du général Toutée s'exécuta tout aussitôt après. Elles avaient
parfaitement rempli leur ingrate et difficile mission.

III. Opérations du général Moinier. — a) *La délivrance de Fez.* — Tandis que le général Toutée organisait
le corps d'observation prévu sur la rive droite de la Moulouya, le gouvernement français décidait le 22 avril d'envoyer au général Moinier les instructions nécessaires
pour la délivrance de Fez. Déjà, les troupes de la Chaouïa
étaient augmentées de 4 bataillons. Les nouveaux ren-

forts expédiés de France devaient faciliter l'exécution
du plan adopté par le général en chef, de concert avec
le gouvernement.

Tout d'abord, on avait pensé qu'il suffirait de conduire
à Dar-Nzari, à l'entrée de la plaine de Fez, une colonne
volante dont l'approche intimiderait les révoltés et les
contraindrait à débloquer la ville. On espérait, en limi-
tant à cette démonstration l'intervention de nos troupes,
rétablir l'autorité du sultan, sauver les colonies européennes de la capitale et calmer les méfiances qui se
manifestaient, surtout dans la presse allemande. Toute-
fois, dans l'hypothèse la colonne devrait continuer sa
route jusqu'à Fez pour accomplir sa mission, le ministre
des affaires étrangères promettait solennellement au
Parlement de réduire au minimum le séjour de nos troupes sous les murs de la ville, en les rappelant vers la
côte dès que les rebelles seraient éloignés et les Européens hors de danger.

Afin de ménager les susceptibilités des indigènes, la
colonne volante était, en principe, formée avec les six
goums de la Chaouïa, qui se concentraient à Bou-Znika,
sous les ordres du lieutenant-colonel Simon. Elle devait
être appuyée par une colonne légère, commandée par le
colonel Brulard, composée de 3 bataillons, 1 escadron,
2 batteries de 75, 2 sections de 65, qui se rassemblaient
à la kasbah Sliman (camp Boulhaut), à 23 kilomètres
de Bou-Znika. Le général Moinier faisait connaître, le
24 avril, que toutes ces troupes étaient prêtes à partir.
Il espérait que la colonne volante serait le 30 avril à
El Kounitra, le 4 ou le 5 mai à Fez. Mais les marécages
qui couvraient un pays inondé par des pluies exception-
nellement abondantes devaient imposer à nos troupes,
autour d'El Kounitra, un stationnement prolongé. Les
journaux espagnols, allemands et français, avaient ainsi
le loisir d'entamer des discussions sur l'application de

l'Acte d'Algésiras, notre gouvernement de faire préciser dans les chancelleries ses intentions, et les spécialistes de critiquer le choix de la ligne d'opérations.

On s'expliquerait difficilement l'adoption de l'itinéraire jalonné par El Kounitra, Lalla-Ito et la vallée du Sebou. Beaucoup plus long que le chemin direct de Rabat à Fez par Tiflet et Meknès, son choix semblait retarder de plusieurs jours la délivrance de la capitale, que l'on savait cependant à bout de ressources. En réalité, la route que devait parcourir la colonne volante était bien celle qu'il fallait prendre pour une opération où la vitesse avait un rôle prépondérant. La ligne directe traversait un pays accidenté, longeait de très près la forêt de Mamora, fertile en surprises, desservait Meknès, capitale des insurgés, faisait prévoir des combats nombreux. L'itinéraire par Lalla-Ito et la vallée de Sebou, au contraire, longeait au sud les territoires du chérif d'Ouezzan, dont la puissante amitié nous était acquise ; sauf pendant la traversée des contreforts du Tselfat et du Zerhoun, nos troupes n'avaient à redouter aucune surprise, ou pouvaient utiliser en plaine la supériorité de leurs effectifs et de leur armement ; enfin la configuration du pays, dépourvu de lignes de défense naturelles, qui, sur la route directe, sont représentées par les coupures de profonds ravins, permettait de franchir plus rapidement une distance plus longue.

Avant de faire commencer les opérations, le général Moinier avait lancé, le 28 avril, de Rabat, une éloquente proclamation aux tribus. Comme on devait s'y attendre elle fut sans effet sur les militants et ne rallia pas les indécis. Enfin, le 11 mai, la colonne volante, dont les émissaires du sultan pressaient avec instance le départ, quittait son camp d'El-Kenitra. Ses deux échelons campaient le 12 à Lalla-Ito, où le colonel Brulard, après avoir reçu un convoi que lui amenait le colonel Gouraud, repoussait, le 14, deux assauts furieux des Beni-Hassen et des Zemmour.

Ce départ, suivi d'un temps d'arrêt, n'était qu'une satisfaction donnée à l'opinion publique de France. En fait, soit par crainte de difficultés locales mal définies, soit en prévision de vastes, mais secrets projets de pacification au Maroc, le gouvernement expédiait sans cesse des renforts qui, vers le milieu de mai, s'élevaient à 10 bataillons d'infanterie coloniale, zouaves, tirailleurs algériens et sénégalais, 4 escadrons, 4 batteries, 2 compagnies de génie. Leur débarquement et celui du matériel à Casablanca, Rabat, Mehdya, obligeait le général en chef à modifier ses plans, à donner plus d'ampleur au programme primitif. La petite colonne de secours de Fez devenait un véritable corps expéditionnaire, qu'il fallait organiser au jour le jour, administrer et ravitailler, au milieu des instructions contradictoires, des compétitions d'attributions et de commandement, dans la fièvre des renseignements confus et sensationnels.

Pendant ce temps, les insurgés ne restaient pas inactifs. Sur la ligne d'étapes Rabat-El Kounitra, d'ailleurs mal gardée, les Beni-Hassen et les Zemmour multipliaient leurs attentats. Le 5 mai, ils enlèvent un convoi d'orge et d'argent, et l'affaire nous coûte, en outre, 3 tués et 6 blessés ; le lendemain au même endroit, ils tentent une opération analogue. Le 7 mai, ils attaquent le camp d'El Kounitra ; le 9, ils donnent l'assaut à celui de Darben-Arousi ; le 11, ils dressent une embuscade contre un convoi.

Enfin, le 16 mai, la répartition est faite, et les rôles sont distribués. Le général Moinier prend la direction de la colonne légère, constituée par les groupes du colonel Brulard, et du général Dalbiez. Le groupe Brulard comprenait : 1 bataillon d'infanterie coloniale, 1 de tirailleurs algériens, 1 mixte d'algériens et de sénégalais, 2 sections de mitrailleuses, 1 batterie de 75, 1 de 65, 1 demi-escadron de spahis, les goums du lieutenant-colonel Simon. Le groupe Dalbiez réunissait : 1 bataillon de tirailleurs algériens, 1 mixte de légionnaires et de zouaves, 1 section de mitrailleuses, 1 batterie de 75, 1 ambulance, 1 escadron de chasseurs d'Afrique. Les deux groupes comptaient environ 6.000 hommes. A quelques journées en arrière, le colonel Gouraud devait conduire un gros convoi de ravitaillement pour les troupes et pour la capitale. Ce convoi se formait à El Kounitra, et son escorte, sous le commandement du colonel, comprenait : 2 bataillons coloniaux, 1 de tirailleurs algériens, 1 batterie de 75, 3 sections de mitrailleuses, 1 ambulance, 1 escadron de chasseurs d'Afrique, 1 demi-escadron de spahis. Le général Ditte organisait à Mehdya la zone de l'arrière ; le colonel Branlières commandait les troupes de la Chaouïa. L'oued Bou-Regreg délimitait au sud la zone des opérations.

Le 16 mai, le groupe Brulard quitte Lalla-Ito. Le 17, il est à Mechra-bou-Derraa, et fonde un poste d'étapes à Sidi-Gueddar, où le groupe Dalbiez et le général Moinier le rejoignent. Le 18, la colonne légère, définitivement rassemblée, contourne le djebel Tselfat ; le 19, à Aïn-Moka, elle fait sa jonction avec le chérif d'Ouezzan qu'accompagnent quelques Européens venus sans encombre d'El-Ksar. Le 21, elle débouche dans la plaine de Fez et campe entre la ville et la kasbah de Dar-Debibagh acclamée par la population. La capitale était délivrée sans coup férir, l'approche de nos troupes ayant décidé les tribus confédérées à lever le siège pendant la nuit. Le même jour, le sultan, prenant à son tour l'offensive, expédiait une partie de sa méhallah sur le territoire des Cheraga ; la brutalité de la répression, connue sous le nom d'incident de Lemta, souleva dans toute l'Europe des commentaires indignés, et fit exclure le représentant de Moulay-Hafid des fêtes du couronnement de George V.

b) *La colonne Gouraud*. — La colonne Gouraud, escortant le convoi de ravitaillement, suivait de près. La route, que la colonne légère avait trouvée ouverte, se présentait devant elle, hérissée d'obstacles. Les tribus, en effet, n'avaient fait aucune résistance contre les troupes du général Moinier dont l'effectif était supérieur à celui de toutes les méhallas que, depuis des siècles peut-être, les sultans promenaient à travers le Maroc. Mais les 1.700 chameaux de charge, qu'escortaient 2.000 hommes à peine, étaient une proie tentante pour des guerriers surexcités par les succès faciles des Zemmour aux environs de Salé, dont l'éloignement exagérait l'importance. Il fallait toutes les belles qualités de chef militaire dont le colonel Gouraud avait fait preuve dans sa prise de Samory, au Tchad, et pendant la pacification de la Mauritanie, pour accomplir brillamment une aussi difficile mission.

Le 19 mai, il appelait à El Kounitra les fractions de son détachement qui stationnaient encore à Salé ; leur arrivée mettait en fuite les Beni-Hassen, qui exécutaient une violente attaque du camp où ils avaient tué le capitaine Petitjean et quelques soldats. Le 20, malgré un contretemps inattendu qui retarda le départ jusqu'à neuf heures du matin, le convoi tout entier, dont les Zemmour tentent en vain d'inquiéter l'arrière-garde, arrive à Lalla-Ito, parcourant ainsi en douze heures les 42 kilomètres que la colonne légère avait mis deux jours à franchir. Le 21, la colonne campe au bord de l'oued Beth. Le 22, entre Mechra-bou-Derraa et Sidi-Gueddar, à Dar-ben-Ali, elle brise le cercle des Beni-Hassen qui l'entourent et l'attaque avec impétuosité ; la compagnie d'avant-garde a 4 tués et 18 blessés, et les chefs de section peuvent faire usage de leur revolver. Le 23, elle est

sur la rive de l'oued Sebou ; le 24, elle contourne le
Tselfat et force le passage de l'oued Zegotta, que lui disputent les Cherarda. Le 25, elle enfonce à coups de canon
les Guerouan et les Oudaïa qui sont rassemblés aux
environs de Nzala-beni Amar, et qui font, pour l'arrêter,
plusieurs tentatives désespérées. Le soir même, à Nzalet-el-Oudaïa, elle accomplit sa jonction avec le groupe
Dalbiez que le général en chef avait envoyé à sa rencontre, et qui l'aide à repousser les derniers assauts de l'ennemi. Le 26, le colonel Gouraud remet au général Moinier son convoi intact, et campe avec ses troupes autour
de la kasbah de Dar-Debibagh. Par le judicieux emploi
de l'artillerie, l'habile utilisation de la cavalerie, du terrain et des formations tactiques, il avait réduit ses pertes
au minimum : elles ne dépassaient pas 10 tués et 25
blessés. Celles de l'ennemi étaient beaucoup plus importantes : le 22 mai, notamment, l'avant-garde avait pu
compter au passage plus de 150 morts ou blessés abandonnés sur le terrain.

c) *Opérations autour de Fez.* — La réunion des groupes Brulard, Dalbiez et Gouraud sous les murs de Fez
portait à 8.000 combattants l'effectif de la petite armée
que le général Moinier avait à sa disposition pour paci-
fier les environs de la capitale et rétablir le prestige de
Moulay-Hafid, en mettant fin à l'anarchie marocaine.
L'autorité du sultan était chancelante ; les communications avec la côte restaient précaires ; les Zemmour
avaient tenté d'enlever le général Ditte, qui allait de
Mehdya à Rabat, et son escadron d'escorte avait eu 5
tués, dont le lieutenant Marchand, et 5 blessés ; une
reconnaissance hydrographique sur l'oued Sebou était
repoussée à coups de fusil ; les Beni-Mtir venaient incen-
dier les douars dans la plaine de Fez.

Cependant, suivant les conseils du consul Gaillard et
du général Moinier, le sultan accordait aux insurgés

une importante concession. Il destituait le grand vizir El Glaoui et son frère, le pacha de Marrakech, malgré l'influence qu'exerçait leur famille dans toute la partie méridionale du Maroc. Ses émissaires promettaient adroitement aux tribus un pardon généreux. Mais l'intervention étrangère enlevait à la destitution du ministre son caractère réparateur, et les sujets n'avaient aucune confiance dans la magnanimité de leur souverain. En outre, la présence de nos troupes à Fez fortifiait le mouvement nationaliste et le gouvernement de Moulay-Zin, qui avait adopté Meknès pour capitale. Il fallait donc, en dégageant tout d'abord les environs de Fez, chasser les pillards du massif du Zerhoun, d'où ils pouvaient gêner les communications avec la mer, et terminer les opérations par la suppression du maghzen insurrectionnel, qui trouvait dans la grande tribu des Beni-Mtir ses plus résolus partisans.

Le 28 mai, une reconnaissance est envoyée vers Bahlil et confirme à son retour, le soir même, les renseignements déjà obtenus sur l'hostilité de la région. Le 29, le général Moinier, laissant à Dar-Debibagh une garnison de sûreté, part avec toutes les troupes disponibles vers le Zerhoun, pour châtier les agresseurs de la colonne Gouraud et compléter l'organisation de la ligne d'étapes Sidi-Gueddar — Lalla-Ito — El Kounitra. Tandis que, d'après ses instructions, les groupes Gouraud et Dalbiez dispersent les rassemblements hostiles et canonnent les villages de la montagne, le groupe Brulard fait un échange de convois avec le colonel Comte, venu de Lalla-Ito. Le 31 mai, trois groupes sont réunis au débouché oriental du col de Zegotta. Le général en chef y décide l'installation du poste « Petitjean », dont la garde est confiée à un fort détachement qui surveillera le massif du Zerhoun et jalonnera la route entre Sidi-Gueddar et Fez. Le 2 juin, pendant la première étape de retour, le général Moinier est assailli par les Beni-Mtir, les Cheraga et les Zerhana, qu'il défait à Nzala-Houb, où nous perdons 3 tués, dont le médecin-major Auvert, et 5 blessés. Le 3, les forces françaises rentrent à Dar-Debibagh.

d) *Opérations contre Moulay-Zin.* — La tournée de police dans le massif de Zerhoun, la création du poste Petitjean, le succès de Nzala-Houb, eurent pour résultat immédiat la soumission des Cheraga, des Oudaïa et des Cherarda. Grâce aux reconnaissances exécutées à l'autre extrémité de la route d'étapes, d'après les ordres du général Ditte, les communications avec la côte étaient désormais assurées. Il n'y avait plus qu'à supprimer la dernière cause d'anarchie, en mettant fin au pouvoir de Moulay-Zin.

Le nouveau sultan de Meknès n'était d'ailleurs pas sans inquiétude sur les suites de son aventure. Il cherchait, depuis notre arrivée, à se dégager d'amis trop compromettants, et jouait sans conviction le rôle de « prétendant malgré lui ». Sans énergie, sans autorité, sans ambition, il n'avait accepté la direction nominale de la révolte que pour éviter à sa personne une fin violente, à sa ville une lutte sanglante de factions. Mais il refusait de conduire à la guerre sainte les caïds qui l'avaient choisi pour chef, et il attendait avec fatalisme la fin des événements.

Les Beni-Mtir se montraient plus audacieux. Ils s'étaient crus victorieux des troupes françaises à Nzala-Houb, le 2 juin, puisque ces troupes, au lieu de les poursuivre, étaient rentrées à Fez. Leur orgueil s'enflait jusqu'à la témérité. Dans la nuit du 4 au 5 juin, ils tentent, au nombre de plusieurs centaines, la surprise des bivouacs de Dar-Debibagh. Eventés par une sentinelle à 50 mètres des tranchées du groupe Gouraud, ils sont accueillis par une canonnade à bout portant et une fusillade bien ajustée. Ils s'enfuient en laissant de nombreux morts sur le terrain, mais décidés à ne pas capituler sans résistance devant les forces que le général Moinier, après sa démonstration dans le Zerhoun, prend la résolution de conduire en personne à travers leurs territoires.

Le 5 juin, réunissant sous sa direction les groupes Brulard, Dalbiez et Gouraud, soit, au total, 6.000 combattants, et un convoi de 1.200 chameaux, le général en chef marche sur Bahlil et Sefrou, centres des rassemblements hostiles. Il se heurte, presque en vue de Fez, à 2.000 guerriers environ, les disperse par l'emploi combiné de l'artillerie et de la manœuvre tactique, obtient le soir même la soumission de Bahlil et de Sefrou, n'ayant perdu dans l'affaire que 5 tués et 14 blessés. Il se retourne ensuite vers Meknès, repousse le 7 les Beni-Mtir qui défendaient le passage de l'oued Madhouma, fait sauter pour l'exemple la porte de la kasbah du caïd Bou-Dmani, chef suprême des Beni-Mtir, qui tente, le 8, de lui fermer l'accès de Meknès. Les tribus confédérées sont défaites après un vif engagement. Moulay-Zin se rend au général Moinier, qui lui promet le pardon du sultan et qui, par sa politique généreuse, obtient en outre la soumission des principaux révoltés. L'insurrection, ayant perdu son drapeau et ses chefs, peut être dès lors considérée comme définitivement vaincue. Les dissidents qui ne déposent pas leurs armes n'ont même plus de prétexte religieux pour justifier leur obstination. Pendant le retour de ses troupes à Fez, en contournant par le poste Petitjean le massif de Zerhoun, le général Moinier reçoit, le 12 juin, l'adhésion complète des cheurfas de la célèbre zaouïa de Moulay-Idriss, toute-puissante au Maroc. Le 15 juin, nos colonnes campent de nouveau à Dar-Debibagh. Surveillé de près par le consul Gaillard, Moulay-Hafid n'osa pas célébrer par de cruelles vengeances le rétablissement de son autorité.

e) La pacification entre Rabat et Meknès. — Cependant, ces succès répétés n'avaient pas entièrement calmé l'effervescence dans la région montagneuse au sud de Fez. Plusieurs fractions importantes des Beni-Mtir, dédaignant les bénignes conditions de paix, semblaient décidées à ne pas déposer les armes. Le général Moinier comprit qu'il devait les étourdir par la rapidité de nos marches et la vigueur de nos coups. Il résolut de leur montrer ses troupes jusque dans leur retraite la plus lointaine, pour les convaincre de l'inutilité des résistances qui briserait toujours une prompte répression.

Après quelques jours de repos consacrés à la réorganisation de ses groupes, le général en chef, laissant une garnison à Dar-Debibagh, repart le 22 juin avec les groupes Brulard et Gouraud pour Meknès, où il fait sa jonction. le 24, avec le groupe Dalbiez qui avait contourné le Zerhoun, en passant par le camp Petitjean pour escorter, jusqu'à ce poste, un premier convoi d'évacuation. Le 29, toutes ses forces apparaissent avec leur artillerie attelée, devant la kasbah d'El-Hajeb, sorte de nid d'aigle à 1.000 mètres d'altitude et centre politique des Beni-Mtir, où elles entrent sans difficulté. Les rebelles, impressionnés par cette course audacieuse, accueillent la garnison chérifienne que le général Moinier leur impose, offrent leur soumission, qui est acceptée. Les Guerouan et les Zaïan demandent à leur tour l'aman, mais il doivent aller jusqu'à Fez pour s'humilier devant Moulay-Hafid. Le 29, nos troupes sont de retour à Meknès.

Le général en chef comptait y camper quelques jours, pour laisser reposer les troupes fatiguées par de longues marches accomplies dans de mauvaises conditions hygiéniques et matérielles. Il se proposait de revenir ensuite à la capitale, pour y passer une revue solennelle en présence du sultan, à l'occasion du 14 juillet, et d'en finir avec les Aït-Youssi dissidents qui terrorisaient la région de Sefrou, poussant leurs incursions jusque dans la plaine de Fez. Mais les opérations du général Ditte à l'ouest de Rabat font modifier ce programme, dont l'exécution est subordonnée à l'ouverture d'une ligne de communications directes entre Rabat et Meknès.

Les Zemmour, en effet, s'ils n'osaient plus renouveler en plaine leurs tentatives contre nos convois que protégeaient des escortes respectables accomplissaient d'autres faits d'armes dans la forêt de Mamora qui les abritait. Le colonel Taupin y était attaqué, au retour d'une reconnaissance qu'il avait faite avec des forces nombreuses ; des corvées de troupes, envoyées d'El Kounitra pour couper du bois, étaient fréquemment repoussées, non sans pertes. Le général Ditte avait résolu de traquer les Zemmour dans la forêt, qu'il fit traverser par quelques détachements. L'opération réussit, et plusieurs fractions de cette puissante tribu demandèrent la paix. Pour la rendre durable, un poste était fondé sur la lisière méridionale de la forêt, Sidi-Allel-el-Bakaraoui, qui prit le nom de « camp Monod ». Il était le premier jalon de la route directe entre Fez et la mer, que le général Ditte proposa d'organiser fortement. Les convois pourraient suivre ainsi le diamètre du cercle dont la route El Kounitra — Lalla-Ito — Sidi-Gueddar — Petitjean formait la demi-circonférence. Le général Moinier accepta le rendez-vous qui lui était demandé sur le plateau de Tiflet. Le 2 juillet, il quittait Meknès, occupé par une forte garnison, avec les groupes Brulard, Dalbiez et Gouraud. Le 3, le groupe Gouraud, avant-garde de la colonne, infligeait près de Souk-el-Arba des Aït-Sibeur une sévère leçon aux Zemmour qui barraient le passage. Le 8 juillet, le général Ditte et le général Moinier faisaient leur jonction à Tiflet. L'ancienne ligne de communication était aussitôt délaissée pour la nouvelle, que gardaient, entre Rabat et Fez, les postes établis à Monod, Tillet, Souk-el-Arba, Meknès.

Les troupes françaises pouvaient, dès lors, se retourner vers Sefrou, d'où venaient des renseignements assez inquiétants. Mais, depuis le 9 juin, les Espagnols avaient débarqué à Larache; ils occupaient El-Ksar. Leurs démêlés avec notre consul Boisset et les tabors chérifiens du capitaine Moreaux faisaient prévoir des complications internationales, dont l'intervention inattendue de l'Allemagne, marquée le 1er juillet par l'envoi de la « Panther » devant Agadir, allait augmenter la gravité. La situation diplomatique en Europe imposait l'arrêt de nos opérations.

Le général Moinier en profitait pour répartir ses troupes dans les secteurs de la Chaouïa, Mehdya, Meknès. Le général Branlières à Casablanca, le général Ditte à Mehdya, le général Dalbiez à Meknès, se partageaient les forces bigarrées qui formaient alors le corps expéditionnaire du Maroc : 6 bataillons d'infanterie coloniale, 3 de tirailleurs sénégalais, 4 de zouaves, 9 de tirailleurs, 1 d'infanterie légère d'Afrique, 1 1/2 de légion étrangère, 5 compagnies du génie, 7 batteries de 75, dont 4 coloniales et 3 métropolitaines, 3 métropolitaines de 65, 5 escadrons de chasseurs d'Afrique, 3 de spahis, 1 escadron du train, 2 goums algériens, 6 goums de la Chaouïa, les divers services, soit 27.000 hommes environ. Ensuite, le général en chef se préoccupa de rétablir sa santé altérée par les fatigues d'une dure campagne de trois mois, en plein été marocain, où les soucis et les privations de toute sorte ne lui avaient pas manqué. Le 12 juillet, il arrivait à Casablanca.

f) *Opérations contre les Zaër.* — Non seulement le « coup d'Agadir » faisait différer jusqu'à une date indéterminée l'opération de police prévue dans la région de Sefrou, mais il arrêtait aussi les progrès de la pacification chez les Zaër. Ceux-ci, jaloux des exploits que s'attribuaient fallacieusement Zemmour et Beni-Hassen, manifestaient des intentions menaçantes. Le colonel Branlières, commandant le secteur de la Chaouïa, s'était décidé à prendre l'offensive, afin d'infliger à leurs tribus le châtiment, si souvent différé, qu'elles méritaient pour le meurtre du lieutenant Marchand et du maréchal des logis Hyvert. La colonel avait concentré au camp Boulhaut ses troupes disponibles. Il avait ensuite franchi les profondes coupures de l'oued Cherrat et de l'oued Karifla, battu en deux rencontres, le 11 et 12 juillet, les Zaër dissidents, et fait sauter la casbah Merchouch, où s'était perpétré l'attentat du 14 janvier.

A ce moment, les instructions du général Moinier imposaient un temps d'arrêt. Mais le colonel Branlières ne resta pas inactif. Du plateau d'Aïn-Sebbab, où il avait établi son camp, il envoya dans la région de Sibarra des reconnaissances lointaines, qui firent affluer les soumissions. Quand il eut anéanti les anciennes velléités d'alliance entre Zaër et Zemmour, par la fondation du poste d'Aïn-Zebouja (camp Marchand), il disloqua sa colonne et, le 5 août, il rentrait à Casablanca.

Tandis que le colonel Branlières, promu général à la fin de cette opération, pacifiait le territoire de Zaër, le général Ditte obtenait chez les Zemmour des résultats analogues, réduisait les Beni-Hassen à l'impuissance, et, sur la ligne d'étapes désormais complètement sûre, on pouvait diminuer les effectifs des escortes de convois. Cependant, le général Moinier jugea opportun, puisque les négociations franco-allemandes faisaient obstacle à notre expansion militaire dans les régions occidentales et méridionales du Maroc, de perfectionner et de compléter le système de liaison entre la capitale et la mer, et de montrer partout nos forces dans les districts où les sentiments des populations paraissaient douteux.

Le 10 août, accompagné par les troupes qui allaient remplacer les garnisons européennes dans les postes de la route de Rabat-Meknès, il rejoignait le général Ditte. Le 13, à Dayat-Roumi, sa jonction avec un détachement venu de Meknès provoquait les soumissions des derniers dissidents Zemmour. Ensuite, il se dirigeait vers le camp Marchand, qu'il atteignait, le 19, après avoir battu les Zaër-Nida au combat de Guelta-el-Fila. La liaison entre Meknès et la Chaouïa était ainsi assurée par la route de Rabat et par le pays zaër et zemmour, que surveillaient les postes de Camp-Marchand, Sebbab et **Fouzer**. Le poste de Maaziz, établi pour contenir les irréductibles qui étaient refoulés dans les hautes vallées de l'oued Grou et de l'oued Bou-Regreg, complétait la protection de cette ligne éventuelle de communications. Les télégraphies électrique et optique reliaient aussitôt tous ces postes, qu'elles mettaient pratiquement à l'abri d'un coup de main.

g) *Opération dans la région de Sefrou.* — Le général Moinier pouvait enfin se retourner vers la région de Sefrou, troublée par les Aït-Youssi, qui inspiraient des inquiétudes continuelles au sultan. La fidélité des Beni-Mtir, garantie par leur grand chef Bou-Dmani, qui avait fait sa soumission au général Dalbiez, épargnait à la plaine de Fez les incursions des Aït-Youssi ; mais il était temps d'intervenir.

Le 31 août, le général Moinier arrivait à Fez. Sefrou était déjà bloqué par les rebelles. Les instructeurs de la méhalla, peu confiants dans le loyalisme de leurs hommes, réclamaient la coopération des troupes françaises pour secourir la ville assiégée. Le général Dalbiez est envoyé vers Sefrou, qu'il dégage, le 4 septembre. Il laisse en garnison un tabor chérifien, bientôt menacé par les Aït-Youssi, qui s'étaient repliés sans combattre devant la colonne Dalbiez. Le commandant Brémond, chef de la mission militaire depuis le départ du lieutenant-colonel Mangin, débloque de nouveau la ville, le 11 septembre, après un vif combat où il perd 6 tués, dont le lieutenant Prioux, et 15 blessés ; mais il est à son tour attaqué dans son camp, près Sefrou, et la méhalla impériale doit attendre l'intervention du général Dalbiez pour reprendre la campagne.

Cette intervention est immédiate. Le général Dalbiez, accompagné de 2.400 hommes, vient au secours du commant Brémond. Le 15 septembre, troupes chérifiennes et troupes françaises marchent sur Mezdou, centre des rassemblements ennemis, qu'elles dispersent ; le 17 et le 18, elles opèrent contre les Aït-el-Rbas. L'apparition de toutes ces forces dans des vallées que les rebelles croyaient inaccessibles détermine de nombreuses soumissions. La tranquillité est désormais rétablie. La méhalla laisse un fort détachement à Sefrou ; le général Dalbiez disloque les colonnes et rentre à Meknès avec le général Moinier, qui va se concerter en France avec le gouvernement. La région, jusqu'alors si turbulente, ne sera plus troublée que par quelques incidents de piraterie.

IV. Conclusions. — La première phase des opérations militaires au Maroc est terminée. De son analyse succincte et de l'observation des faits résultent d'utiles enseignements.

Les tribus marocaines, dont on exaltait la bravoure, semblent inférieures à leur réputation. Sans être méprisables, nos adversaires n'ont jamais paru très dangereux. Quoique favorisés par leur extraordinaire mobilité, ils n'ont jamais éprouvé que des échecs dans leurs tentatives les plus audacieuses, toujours éventées à temps. Dans les luttes à découvert, leurs fantassins et leurs cavaliers n'ont jamais surmonté l'effroi que leur inspire l'artillerie, et, sauf de rares exceptions, ils ont combattu à des distances où leurs fusils étaient à peu près impuissants. Quand le terrain leur permet de se rapprocher de l'infanterie, leur élan est arrêté par la précision du tir de nos soldats, ou par la menace du choc à l'arme blanche. Dans tous les cas, un détachement de troupes françaises, bien commandé, peut se rencontrer sans crainte avec des guerriers indigènes très supérieurs en nombre, s'il est accompagné de quelques canons.

Les conceptions stratégiques, les solutions tactiques des problèmes posés au cours de la campagne, montrent qu'on trouve encore dans l'armée française de beaux tempéraments de chefs. Le général Moinier et ses subordonnés immédiats ont prouvé la mobilité des gros effectifs au Maroc ; ils ont promptement obtenu, par la rapidité des marches autant que par l'habile emploi des trois armes, des résultats décisifs. La haine des marocains pour leurs vainqueurs semble atténuée par notre justice et notre générosité, qui n'ont jamais été oubliées dans la vigueur des répressions.

Les troupes blanches françaises ont manifesté une capacité de résistance, une discipline au feu insoupçonnées ; leur entrain traditionnel est intact. Elles ont supporté avec une abnégation des plus méritoires les privations de tout ordre inséparables d'une campagne hâtivement préparée. Dans les stationnements, elles ont soigneusement observé les prescriptions sur le respect des personnes, des biens et des mœurs indigènes. Le sentiment bien compris de l'esprit de corps a développé l'émulation et pallié les fâcheuses conséquences matérielles d'une assimilation trop étroite avec des éléments algériens et sénégalais de la petite armée débarquée au Maroc.

P. KHORAT. *Larousse Mensuel*, mars 1912.

APPENDICE II

LE PROBLÈME MILITAIRE AU MAROC

Quand toutes les difficultés diplomatiques résultant de nos entreprises au Maroc seront résolues, les militaires auront à faire pratiquement accepter par les populations indigènes l'œuvre théorique des chancelleries. Quoique l'expansion de notre autorité dans les parties les plus reculées du *bled siba* semble exiger plus de patience et d'adresse que de hâte et de brutalité, il faut s'attendre à trouver chez plusieurs tribus une opposition où la force aura le dernier mot. De la Chaouïa si exiguë, de la mince ligne d'étapes Rabat-Fez, les troupes françaises devront rayonner jusque dans les districts les plus lointains du Maroc. Et le problème militaire paraît identique à celui que posèrent, à Madagascar, la prise de Tananarive et la proclamation du protectorat.

Malgré les affirmations contradictoires, la solution n'en est guère plus compliquée. La machine militaire donnera, dans un pays que nous avons payé si cher, son maximum de rendement si nous évitons de l'alourdir par des rouages inutiles, de la bâtir sur un modèle désuet. L'organisation des troupes d'occupation doit être souple, économique ; leur action, efficace, rapide et sûre. Il ne saurait donc être question de paralyser les ardeurs et les expériences par un formalisme hiérarchique, une fidélité servile à des procédés routiniers. Ce n'est pas de quelque création d'un corps d'armée analogue à celui d'Algérie que nous attendrons la conquête et la pacification du Maroc, mais plutôt des résultats des observations locales et des leçons du passé. C'est dans les goums de la Chaouïa, dans les souvenirs du Tonkin, de Madagascar et de l'A. O. F. que nous trouverons la meilleure des solutions.

I

Les forces que les tribus hostiles mettront en ligne contre nous se composent de fantassins et de cavaliers. Les fantassins tirent mal, les cavaliers ne chargent pas à fond. Sans être méprisables, nos adversaires ne sont donc pas dangereux, et leur arme la plus gênante est leur mobilité.

Or, par suite de l'inévitable adaptation aux circonstances, dès les premiers temps de notre installation au Maroc, les chefs militaires ont organisé, sous le nom de « goums de la Chaouïa », des troupes auxiliaires dont les événements ont peu à peu développé le rôle et démontré la valeur. Confiés au personnel des « Affaires indigènes », encadrés par quelques officiers et sous-officiers français, spahis et tirailleurs algériens, les six goums marocains ont rendu de grands services dans la pacification de la Chaouïa. Pendant la marche sur Fez et les opérations ultérieures contre les Beni-M'tir et les Zaër, ils se sont fait apprécier comme éclaireurs et comme combattants. Leur bravoure, leur rusticité, leur entrain sont indiscutables, et nous avons intérêt à développer un essai tenté en marge des formations régulières prévues dans « l'ordre de bataille ».

Le « goum » de la Chaouïa est une troupe mixte. Il compte, en moyenne, 50 cavaliers et 100 fantassins. La régularité de la solde, la splendeur relative d'un uniforme bien composé pour frapper l'imagination et la vanité, le prestige des dernières campagnes ont rendu les « goumiers » populaires au Maroc, et la plupart de nos adversaires d'hier seraient heureux de revêtir le complet kaki et le grand manteau bleu. Aussi, la tentative de renforcement des effectifs, qu'on voudrait porter, dans chaque goum, à 100 cavaliers et 300 fantassins, semble-t-elle assurée du succès. Peut-être les paysans de la Chaouïa et des régions limitrophes voient-ils, dans le service à notre solde, une existence confortable et selon leurs goûts, ainsi que la perspective de faire payer aux tribus voisines les incursions et les pillages dont ils ont été si longtemps victimes. Mais, quel que soit le mobile qui les pousse à s'enrôler, ils accourent si nombreux que les « officiers de renseignements » peuvent faire un choix sévère et recruter des hommes vigoureux, des cavaliers bien montés. Comme dans les troupes algériennes, le goumier à cheval, propriétaire de sa monture, considère d'ailleurs avec quelque dédain le fantassin moins fortuné.

Les ressources du recrutement seront fonction de son progrès à l'intérieur du Maroc. Elles nous donneront tous les soldats indigènes dont nous pourrons avoir besoin, ce qui nous permettra de mettre fin à l'expérience d'organisation d'une armée chérifienne, qui deviendrait une superfétation inutile et gênante. Si l'on peut conserver les tabors de la police marocaine des ports comme gendarmerie maritime, il n'en est pas de même des mehallas qui ont fait, autour de Fez, une besogne plus bruyante qu'efficace. La fameuse « harka » du sultan doit se transformer en simple troupe de parade, analogue à la garde beylicale de Tunis. Ses rencontres avec les Beni-M'tir avant l'arrivée de la colonne de secours, les incidents de l'occupation de Sefrou, montrent trop clairement qu'elle est incapable d'un sérieux effort guerrier. Les « goums » nous causeront moins de déceptions.

Il est possible d'en prévoir l'effectif éventuellement nécessaire, afin de limiter la contribution qu'on serait tenté d'imposer à nos troupes de France et d'Algérie.

Nous savons, d'après l'expérience, qu'une coalition générale des tribus dissidentes est absolument invraisemblable. Pendant la marche sur Fez et les opérations de Meknès, les Beni-Hassen, Zemmour, Guerouan, Beni-M'tir, Zaïan, etc…, ont combattu isolément, les discordes locales et les intérêts divergents ayant pratiquement fait avorter tout projet d'union contre les envahisseurs. Le colonel Gouraud pendant les combats de Mechra-bou-Derraa et de Nzala beni Amar, le général Moinier pendant les « batailles » de Bahlil et Meknès, le général Dalbiez pendant les affaires de Sefrou, le colonel Branlières autour de Merchouch n'ont jamais eu devant eux plus de 2.000 guerriers ennemis. Il est fort douteux que les tribus de l'Atlas ou de la Haute-Moulouya fassent des efforts aussi considérables quand nous pénétrerons sur leurs territoires, nous n'avons donc besoin que d'une légère supériorité numérique dans chacune des régions du Maroc où les rebelles pourraient mobiliser un groupement de 2.000 fusils. Avec une connaissance de plus en plus complète du pays, un plan plus étudié de pénétration, l'application de la fameuse théorie de la « tache d'huile », nous pourrons installer progressivement l'autorité du Sultan, et notre influence, dans les diverses régions du Maroc dont les habitants sont séparés de leurs voisins par des rivalités anciennes, des antipathies de races et d'intérêts. De proche en proche, nous pourrons employer les indigènes les uns contre les autres, pour la réalisation de nos projets, en utilisant leurs aptitudes guerrières dans l'œuvre de soumission et de pacification.

C'est donc aux « goums » que nous donnerons le principal rôle. Leur nombre sera augmenté, diminué selon les besoins du moment, d'après le type que l'expérience a consacré : groupement « formant corps », sous l'autorité d'un seul chef, de 100 cavaliers et 300 fantassins, instruits et encadrés par des officiers et sous-officiers français. Dans la plupart des cas, le « goum » a une force suffisante pour opérer seul, dissiper par une incursion rapide les conciliabules inquiétants des tribus. Ses cavaliers augmentent son rayon d'action, dépistent les agents de troubles, maintiennent les hésitants et les timides, tandis que ses fantassins brisent les résistances et, par un succès immédiat et local, peuvent empêcher la révolte de s'étendre sur toute une région. Parfois la coopération de plusieurs « goums » sera nécessaire. Mais leur réunion pour une mission provisoire sera obtenue sans retard préjudiciable, et constituera une force aussi mobile que les adversaires qu'elle devra combattre, aussi valeureuse et plus disciplinée.

Les « goums indigènes » qu'il ne faudrait pas se hâter de transformer en « régiments de tirailleurs marocains » avec toute la complication de la hiérarchie et du formalisme administratif, doivent être encadrés de façon à produire le maximum d'effet. Le choix de leurs officiers, de leurs sous-officiers, ne peut être laissé à la compétition des ambitions hâtives et des relations puissantes. C'est dans le remarquable personnel des corps algériens spahis et tirailleurs, que se recruteront les instructeurs de nos goumiers. Ils sont familiarisés avec la mentalité des populations nord-africaines ; ils en connaissent la langue, les mœurs et les procédés de combat. Officiers et sous-officiers auront dans les « bleds » marocains un exutoire à leur activité, à leurs aptitudes, qui ne trouvent plus guère à s'employer dans les sables de « l'Extrême Sud ». Les résultats qu'ils ont déjà obtenus avec les six goums de la Chaouïa inspirent pour l'avenir une confiance absolue.

Si, pour fixer les idées, nous supposons le Maroc divisé en régions de commandement et de pacification telles que celles de Rabat, Fez, Maràkech, Taza, Sous, Haute-Moulouya, Ouezzan et Tafilelt, et si nous admettons que, dans chacune d'elles, une confédération de tribus hostiles ne réunira pas plus de 2.000 guerriers déterminés, nous pouvons estimer à 20.000 hommes environ l'effectif nécessaire des goumiers marocains. Il y aurait d'ailleurs avantage à grouper tous les goums d'une région sous le commandement supérieur d'un seul chef, qui veillerait ainsi à la coordination des efforts dans la région où, jusqu'à la pacification complète, les pouvoirs civils et militaires seraient attribués aux commandants des territoires, cercles et secteurs.

II

Mais on ne saurait confier à 20.000 goumiers l'avenir de notre établissement au Maroc. Nous devons prévoir un réveil improbable, quoique possible, du nationalisme marocain ; les surprises d'une « guerre sainte », les conséquences d'un assaut général de l'islamisme contre les Roumis. Nous devons nous assurer la fidélité de nos futures troupes marocaines par crainte des dangers qu'elles trouveraient à la violer. La stabilité de notre domination résultera d'un équilibre de force prudemment calculé. Aux Marocains que nous aurons armés, nous devons opposer, en cas d'alerte, des troupes dont le loyalisme ne sera pas suspect.

L'entretien de garnisons européennes, proportionnées aux risques d'une révolte générale ou d'une défection de nos contingents indigènes, serait trop onéreux dans un pays difficile et dépourvu de voies de communication. Les soldats de couleur remplaceront plus économiquement les détachements français puisés dans l'armée coloniale ou le 19ᵉ corps. Mais qui choisir des Algériens ou des Sénégalais ?

Les tirailleurs algériens ont fait leurs preuves au Maroc. Cependant, leur intervention prolongée dans la conquête et la pacification ne paraît pas désirable. Ils ont autant de besoins qu'une troupe européenne, et leur entretien, leur nourriture, sont devenus aussi compliqués ; leur mobilité n'est guère plus grande, si leur valeur combative est à peu près équivalente. Les avantages qu'on pourrait se promettre de leur emploi ne paraissent pas tellement indiscutables qu'ils en fassent oublier les inconvénients. Algériens ou Tunisiens et Marocains ont en effet trop d'affinités de race, de mœurs, de langue et de religion, pour qu'ils n'acquièrent pas au contact permanent des garnisons, la dangereuse conscience de l'unité ethnique et politique. Si les Marocains sont de tièdes musulmans, le fanatisme religieux des Algériens peut les réveiller de leur indifférence, et les rendre accessibles aux mots d'ordre qui feront dresser, quelque jour, le croissant contre la croix. La propagande effrénée de l'Islam inspire ailleurs assez d'inquiétudes, pour que nous ne tentions pas, bénévolement, de la faciliter au Maroc.

Avec les Sénégalais, rien de tel n'est à redouter. Comme soldats, sur les routes, dans les garnisons, au combat, ils valent les Algériens. Ils leur sont supérieurs par la discipline du feu et la modicité de leurs besoins. Ils ont, par conséquent, plus de mobilité, qualité indispensable dans les opérations militaires au Maroc. En outre, les peuples divers de l'A. O. F., où se recrutent nos tirailleurs, n'ont pas de caractéristiques ethniques ou religieuses comparables à celles des indigènes marocains. Fétichistes ou très vaguement islamisés, les Sénégalais ne feraient, en aucun cas, cause commune avec les populations que le fanatisme du marabout pourrait soulever.

C'est donc les tirailleurs sénégalais qui feraient, dans le corps d'occupation du Maroc, le contre-poids politique et militaire des goumiers. Avec le développement de notre pénétration, le nombre pourrait et devrait atteindre l'effectif d'une division d'infanterie, dont les unités seraient réparties dans les régions territoriales, d'après les nécessités locales de l'équilibre des forces et des exigences de la pacification, le colonel Mangin nous a prouvé la possibilité matérielle de cet accroissement de nos troupes africaines. Au Maroc, bien mieux qu'en Algérie, nous en aurions l'emploi. Et les oppositions qui ont, jusqu'à présent, fait obstacle à la réalisation du projet *d'armée noire*, n'ayant plus à défendre le *statuo quo* algérien, le respect des situations et des droits acquis, se transformeraient sans doute en alliances actives et désintéressées. La France y gagnerait, avec la sécurité absolue dans son nouveau domaine, une belle division de Sénégalais bien aguerris.

Mais la suprématie politique et guerrière de la France doit s'affirmer autrement que par des randonnées de goumiers et de Sénégalais. Malgré toutes les apparences rassurantes, quelques bataillons français sont nécessaires pour paraître comme argument irrésistible dans les situations difficiles, pour servir de stimulant moral à nos auxiliaires, pour fixer par un séjour préalable dans le pays les vocations hésitantes de futurs colons. Ils seraient installés dans les grandes villes, où nos soldats trouveraient un confortable sommaire, mais indispensable, sans lequel toute troupe blanche est condamnée à la ruine rapide et complète de ses forces. Répartis entre Casablanca-Rabat, Marâkech, Fez-Meknès, Taza-Ouezzan, quatre bataillons théoriquement groupés en régiment de marche, seraient suffisants pour donner au commandement militaire, dans les graves circonstances où leur intervention paraîtrait utile, la certitude du succès. L'infanterie coloniale, qui a pu fournir sans peine depuis le début de la campagne, malgré les exigences de la relève d'outre-mer, un contingent de 5.000 hommes, donnerait pour ce régiment de marche, où se réduirait désormais sa coopération, ses intrépides marsouins.

Cavaliers et fantassins des goums indigènes, tirailleurs sénégalais, marsouins français, viendraient assez aisément à bout, non sans pertes, de la résistance des tribus. Il conviendrait cependant de leur adjoindre une artillerie dont les opérations récentes ont démontré l'efficacité de l'intervention. Si, au Maroc, le chiffre des morts par le feu est si faible, par comparaison avec celui des plus petites opérations militaires dans l'A. O. F., c'est à l'emploi copieux du matériel de 75 et de 65 que nous devons cet heureux résultat. Les mises en batterie rapides, l'énorme portée des coups d'ailleurs plus effrayants que dangereux, le bruit des détonations des pièces et des obus, ont, après quelques essais infructueux d'un corps à corps où nos fantassins montrèrent toujours intacte la « furia francese », paralysé l'élan des guerriers marocains. Ils sont maintenus à grande distance, paraissant plus préoccupés d'éviter les rafales de mitraille en sauvant l'honneur par vanité de Tartarins, que de rechercher en des assauts dangereux un improbable succès. Contre nos canons, leurs fusils étaient sans effets ; l'artillerie dressait autour de nos colonnes une barrière morale qu'ils ne se hasardent plus à franchir. Et c'est vraisemblablement le sentiment de leur impuissance qui a réduit au minimum la résistance des tribus entre la Chaouïa et Fez.

Le corps d'occupation aura donc une assez forte proportion d'artillerie; une batterie au moins par région, soit un régiment à trois groupes de campagne, dont un mixte. Au Maroc, le matériel de 75 est, en effet, préférable à celui de 65. Il passe partout; son action est plus immédiate; ses déplacements sont plus rapides; son effet destructeur est plus considérable, et sa rusticité plus grande. Mais en cas d'imprévu, pendant les opérations dans l'Atlas, le 65 pouvant rendre quelques services, une ou deux batteries de montagne formeraient la réserve du corps d'occupation.

Afin de ne pas désorganiser la mobilisation du 19ᵉ corps, c'est à l'artillerie coloniale que nous demanderions les troupes stationnaires au Maroc. Elle s'y est d'ailleurs fait si bien apprécier pendant les hostilités autour de Fez et de Meknès, que nulle objection sérieuse ne protesterait contre ce choix.

C'est encore à l'armée coloniale que nous demanderions les grands services de l'intendance et de santé, et les services accessoires, puisque les cadres des goums et le génie représenteraient seuls l'armée métropolitaine au Maroc. Pendant les premières années de l'occupation, le génie aurait, d'ailleurs, un rôle très important qui exigerait un état-major et des cadres copieux. Les études préparatoires des grands travaux publics, l'installation d'un réseau télégraphique, l'aménagement provisoire de pistes charretières pour relier les grands centres militaires et réduire les frais de transport ne pourraient être exécutés que par de nombreux officiers et un personnel secondaire considérable qui est nécessaire pour encadrer les tirailleurs indigènes dont le dressage comme ouvriers d'art, manœuvres ou terrassiers n'a pas encore été tenté.

Ainsi, 5.000 cavaliers et 15.000 fantassins répartis entre 50 « goums marocains », une division de 8.000 tirailleurs sénégalais, un régiment de 2.500 marsouins,

un régiment bigor de 3 groupes d'artillerie, un bataillon mixte du génie, et les services correspondants,
semblent représenter l'effectif nécessaire et suffisant du
corps d'occupation dans un Maroc limité vers l'Est par
le cours inférieur et moyen de la Moulouya. Cette
petite armée, relativement peu coûteuse, sera souple et
puissante si l'unité de direction est la règle absolue de
son emploi.

P. KHORAT. *Journal des Débats*, 6 décembre 1911.

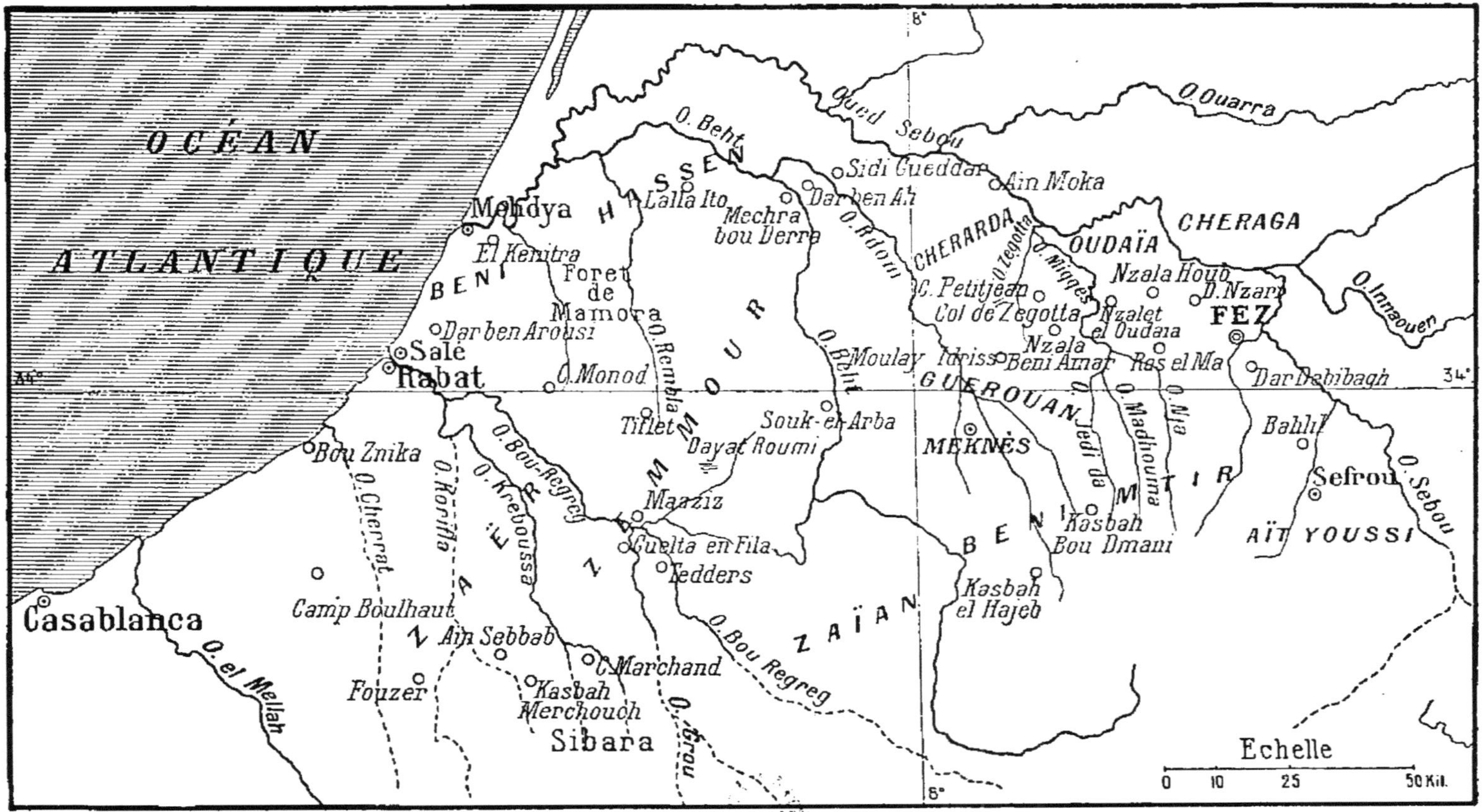

CARTE DES OPÉRATIONS

TABLE DES MATIÈRES

ÉVREUX, IMPRIMERIE CH. HÉRISSEY, PAUL HÉRISSEY, SUCCᵣ